Paris
criminel

35, rue du Pré-la-Reine, 63028 Clermont-Ferrand Cedex 2
www.editions-bonneton.com
EAN : 978-2-86253-554-8

Béatrice Mandopoulos & Albine Novarino-Pothier

Paris criminel

100 lieux chargés d'histoire(s)

Christine Bonneton

Avant propos

Paris, scène de crime ! Dans les dossiers noirs de la plus belle ville du monde, la concurrence est rude pour gagner la première place au palmarès des malfrats. Les truands du Moyen Âge rivalisent avec les apaches de la Belle-Époque.

Au fil des pages, les assassins à la petite semaine croisent le fer avec les spécialistes du colis piégé et Charles Dautun raconte à Charlotte Corday comment il a expédié *ad patres* la moitié de sa famille. Au fil des siècles, figures célèbres et délinquants obscurs sèment la mort et la désolation dans les immeubles cossus des belles avenues comme dans les ruelles des quartiers mal famés. Le sang coule pour changer l'Histoire, pour une montre en or ou un regard de travers.

Insouciant promeneur, aiguisez votre regard sur la capitale : voici une bonne centaine de criminels qui ont dessiné, à coups de revolver et d'objets contondants, une géographie macabre qui va révéler en vous l'enquêteur qui sommeille.

Fatal rendez-vous

La grande porte du Louvre

Métro : Louvre - Rivoli

En ce 24 avril 1617, vers 10 h, Concino Concini, accompagné d'une suite brillante, se présente devant la grande porte du Louvre. Marie de Médicis, régente du royaume, l'attend dans ses appartements. Il a su se gagner les faveurs de la reine-mère qui l'a fait marquis, maréchal d'Ancre – alors qu'il n'a jamais combattu – et ministre. De fait, l'intrigant exerce le pouvoir sous l'influence de son épouse, Leonora Dori dite la Galigai, sœur de lait de la reine. Son immense fortune, d'origine plus que suspecte, lui a permis de lever une véritable armée privée. La situation irrite l'entourage royal et favorise les intrigues des grands seigneurs.

Louis XIII, qui vient d'avoir seize ans, entend mettre un terme aux agissements du bel italien pour imposer son autorité. Mission est confiée au marquis de Vitry, capitaine des gardes du corps du roi : « Le Roi m'a commandé de me saisir de votre personne ! ». Concini appelle à l'aide en vain, trois coups de pistolet l'atteignent au front, à la joue et à la gorge. Louis XIII se montre reconnaissant envers les auteurs du meurtre : « Grand merci à vous, à cette heure, je suis roi ! ». Le lendemain, des Parisiens exhument le corps de l'église où on l'avait enterré à la va-vite, le pendent à une potence du Pont-Neuf et brûlent ses restes.

À voir aussi

Dans la galerie Médicis, au musée du Louvre, 24 tableaux de Rubens retracent la vie de la reine.

L'église Saint-Germain-l'Auxerrois, bâtie sur l'emplacement d'une abbaye du VIIe siècle, sonna le début du massacre de la Saint-Barthélemy, le 22 août 1572.

Un livre

- Hélène Duccini, *Concini. Grandeur et misère du favori de Marie de Médicis*, éd. Albin Michel, 1991

L'assassinat de Concini
Le Louvre sous Louis XIII (gravure ancienne)

Louis-Philippe alias Trompe-la-mort

Place du Carrousel

Métro : Palais-Royal

En bon père de famille, Louis-Philippe aimait se promener à pied, un parapluie sous le bras et organisait des fêtes toutes bourgeoises dans son château des Tuileries, aujourd'hui disparu, en face du Louvre. Mais sa politique autoritaire suscita contre sa personne rien moins que 9 attentats qui échouèrent tous ! Le 25 juin 1836, en fin d'après-midi, le roi et son épouse Marie-Amélie quittent le palais pour gagner le château de Neuilly. Sur leur passage, la Garde nationale rend les honneurs et Louis-Philippe passe la tête à la fenêtre de la calèche. Un coup de feu retentit : la balle sera retrouvée dans le pavillon de la voiture. L'auteur de l'attentat, Louis Alibaud, ancien militaire réformé, a 26 ans et se déclare anarchiste. En 1830, il avait refusé de tirer contre les insurgés de Juillet et, depuis lors, son hostilité à la monarchie n'avait fait que grandir. Il est condamné à mort le 9 juillet par la Chambre des Pairs et guillotiné le surlendemain sur la place Saint-Jacques dont 6 000 soldats interdisent l'accès. Au moment de mourir, il s'exclame : « Je meurs pour la liberté, pour le peuple, et pour l'extinction de la monarchie. » Deux articles paraissent dans le journal Le National, de tendance républicaine, qui valent trois mois d'emprisonnement à son gérant pour apologie du crime d'assassinat.

La place du Carrousel, à l'ouest du palais du Louvre, tient son nom d'un spectacle d'équitation militaire donné par Louis XIV, à l'occasion de la naissance de son fils le Grand Dauphin.
L'arc de triomphe du Carrousel marquait l'entrée d'honneur du château des Tuileries, détruit en 1883.

Le Louvre vu de la place du Carrousel

Mais que fait la police ?

54 quai des Orfèvres

Métro : Cité

Le 24 mai 1665, Jacques Tardieu, lieutenant-criminel du Châtelet de Paris et son épouse tombent sous les coups de François et René Touchet. Les deux frères, 21 et 23 ans, ont quitté leur Anjou natal pour tenter leur chance dans la capitale. Mais ils sombrent bientôt dans la délinquance qui fait plus d'un mort par jour à Paris. Dans les classes aisées, on mène en revanche grand train. Et le sieur Tardieu s'est fait une solide réputation. En charge de la sécurité, de la salubrité et de la surveillance politique des grands seigneurs, peu regardant sur les méthodes, il a accumulé une belle fortune. Molière s'en serait inspiré pour écrire *L'Avare* !

Quand les frères Touchet s'introduisent chez les Tardieu, sur le quai des Orfèvres, tout va très vite : François tire sur Marie et passe le haut magistrat au fil de son épée. La foule alerte la garde qui s'empare des deux hommes et les traduit immédiatement devant le Parlement de Paris. C'est la plus haute autorité judiciaire, chargée de juger les crimes de lèse-majesté dont relève leur crime, Tardieu étant propriétaire d'une charge royale.

Le 27 mai, François et René Touchet sont, à l'unanimité, condamnés à mort et roués vifs l'après-midi même dans le square du Vert-Galant.

L'affaire fait si grand bruit que Louis XIV décide de réformer en profondeur la justice du royaume. En mars 1667 est créée la fonction de lieutenant de police de Paris, ancêtre de nos préfets. Justice et police sont désormais séparées.

À voir aussi

Le square du Vert-Galant a été créé par la réunion de plusieurs petites îles et rappelle le surnom du roi Henri IV. Une statue équestre du souverain domine le square depuis le Pont-Neuf.

Mascarons du Pont-Neuf, le plus ancien pont de Paris

L'assassinat de Louis-Michel Le Peletier de Saint-Fargeau

113 Galerie de Valois (place du Palais-Royal)

Métro : Palais-Royal

Dans la soirée du 20 janvier 1793, Louis-Michel Le Peletier, qui a voté la mort du roi, se dirige vers la maison Février, à deux pas du Palais-Royal, pour y dîner. Le lendemain dans la matinée, Louis XVI sera guillotiné place de la Concorde et Le Peletier expirera, non loin de là, place Vendôme. À titre de représailles, un certain Philippe Nicolas Marie de Pâris, ancien garde du corps du roi, lui a passé son sabre au travers du corps sur le chemin du restaurant. Louis Michel Le Peletier – il a renoncé à sa particule – devient le premier martyr de la Révolution Française.
Mais qui est ce régicide ? Le marquis Le Peletier de Saint-Fargeau, franc-maçon, avocat et conseiller au Parlement de Paris, a renié ses origines nobles en juillet 1789 et rejoint le Tiers-État. Président de l'Assemblée nationale constituante, allié aux Montagnards, il s'est prononcé contre la peine de mort et pour la liberté de la presse. Son plan pour l'instruction publique « sous la sainte loi de l'égalité » inspirera Condorcet et Jules Ferry.
Ses obsèques et son inhumation au Panthéon donnent lieu à des cérémonies grandioses.

À voir aussi

Le musée Carnavalet qui occupe l'ancien hôtel Le Peletier de Saint–Fargeau, 29 rue de Sévigné, construit en 1688.
Le square Georges-Cain, sur l'emplacement du jardin de l'Hôtel.

Hommage
La station de métro Saint-Fargeau (ligne 3, 20e arrondissement) occupe l'emplacement du château de Le Peletier de Saint-Fargeau.

La galerie de Valois, entre le péristyle de Joinville et le péristyle de Beaujolais

ALMANACH
du
Père Peinar
pour 1894
cinq péta

Quand sautent six bons enfants

24 rue des Bons-Enfants

Métro : Palais-Royal

Le 8 novembre 1892, une bombe est déposée au siège de la société des mines de Carmaux, avenue de l'Opéra. Elle vise son directeur, le baron Reille. Le concierge la découvre et il a tôt fait de donner l'alerte. Les gardiens de la paix accourent aussitôt sur les lieux, s'emparent du corps du délit et le transportent derechef au commissariat, 24 rue des Bons-Enfants. À peine l'engin est-il déposé qu'il explose, tuant cinq policiers, le sixième décède d'une crise cardiaque. On ne saura jamais avec certitude qui a déposé l'engin meurtrier. Émile Henry revendique ce geste fatal. Lors du procès des Trente qui débute le 6 août 1894 à Paris, Félix Fénéon, anarchiste aux réparties célèbres, n'hésitera pas à le traiter de « fanfaron ». La presse de l'époque n'accorda pas à ce tragique épisode une grande importance. Pour autant, une petite note que l'on peut relever dans l'Almanach du père Peinard pour l'année 1894 permet de supposer que ce fut bien Émile Henry le responsable des six morts de la rue des Bons-Enfants. On y lit en effet : « 8 novembre 1892. Une petite marmite destinée au Reille, l'exploiteur de Carmaux, s'esclaffa dans le commissariat de la rue des Bons-Enfants. »

À voir aussi

Les jardins du Palais-Royal, construits à la demande de Richelieu, sont un des lieux de promenade les plus agréables de Paris.

La Java des bons enfants
La chanson de Guy Debord et Francis Lemonnier a longtemps été attribuée à tort à Raymond Callemin, dit Raymond la Science, membre de la bande à Bonnot.

Couverture de l'Almanach du Père Peinard, année 1894

Ravaillac, fanatique et régicide

11 rue de la Ferronnerie

Métro : Châtelet

Carrosse dans lequel fut assassiné Henri IV. (D'après une gravure du temps.)

En ce 14 mai 1610, avant de partir guerroyer contre les Habsbourg, Henri IV va s'entretenir des finances du royaume avec le duc de Sully, retenu à l'Arsenal. Les ducs de Montbazon et d'Épernon, le maréchal de Lavardin, Roquelaure, La Force et Mirebeau, l'accompagnent. Le cortège, à l'escorte très réduite, longe le cimetière des Innocents où se pressent camelots, filles de joie, clients des échoppes et lingères adossées aux murs des charniers. Dans l'étroite rue de la Ferronnerie, une charrette de foin et une autre, emplie de barriques, immobilisent le carrosse. Surgit alors Jean-François Ravaillac. Il prend appui d'un pied sur une roue et frappe le roi. Touché à l'aisselle, le monarque s'écrie : « Je suis blessé ! » ; un second coup mortel l'atteint à l'artère et à la veine cave. Arrêté sans résistance aucune, Ravaillac, fraîchement débarqué de sa ville natale d'Angoulême, est conduit à la Conciergerie. Ce catholique fanatique était persuadé que le roi voulait prendre les armes contre le Saint-Siège. Après avoir tenté de lui parler en vain à plusieurs reprises, il a décidé de le supprimer à l'aide d'un couteau dérobé dans une auberge près des Quinze-Vingts. Soumis à la question, il ne cesse de clamer qu'il a agi seul. Le 27 mai, il est condamné pour « crime de lèse-majesté divine et humaine au premier chef ». Il sera démembré par quatre chevaux. Ce qui restera de sa dépouille sera brûlé, les cendres jetées au vent.

À voir aussi

Une rosace au sol signale l'emplacement de l'assassinat d'Henri IV. Le charnier des lingères fut détruit lors de l'agrandissement de la rue. Celui de l'église Saint-Séverin, dans le 5e arrondissement, permet de l'imaginer.

À gauche : statue équestre d'Henri IV de François-Frédéric Lemot, inaugurée en 1818
À droite : dessin anonyme d'après une gravure du XVIIe siècle

Léon Jules Léauthier frappe au hasard

31 avenue de l'Opéra
Métro : Pyramides

En avril 1893, le jeune Léon Jules, cordonnier sans travail de 19 ans, quitte Marseille pour Paris. Embauché par un artisan du Marais qui le licencie peu après, il enrage : « Je me trouve réduit à mourir de faim ou à me suicider… Je me vengerai comme je pourrai, n'ayant pas les moyens de faire un grand coup comme le sublime compagnon Ravachol. Mon arme choisie sera mon outil de travail ; mais qu'importe ? Ce sera encore une délicatesse que j'apporterai en crevant un bourgeois avec l'arme qui m'aura servi à produire ce que celui-ci consomme à mes dépens… Je ne frapperai pas un innocent en frappant le premier bourgeois venu » écrit-il à Sébastien Faure, le militant anarchiste rencontré à Marseille.
Le 13 novembre 1893, Krista Georgewitch, ministre de Serbie, déjeune au Bouillon Duval, à deux pas de l'Opéra. Quand Léon Jules Léauthier le frappe d'un coup de tranchet, il ignore l'identité de sa victime qui survivra à ses blessures. Profitant de la confusion du moment, il parvient à s'enfuir puis se livre au commissariat de la mairie du 11e arrondissement. Le 23 février 1894, Léauthier est condamné aux travaux forcés à perpétuité, malgré le témoignage en sa faveur de son ancien patron.

À voir aussi
Le Bouillon Chartier, 7 rue du Faubourg Montmartre, dans le 9e arrondissement, perpétue dans un admirable décor la tradition des restaurants créés en 1855 par Pierre-Louis Duval. Ce boucher astucieux qui proposait un bouillon et un plat de viande aux travailleurs des Halles était réputé pour offrir à sa clientèle d'habitués des repas particulièrement roboratifs.

Un livre
- Yves Frémion, *L'anarchiste : l'affaire Léauthier*, 1893-1894, éd. Flammarion,1999.

L'assassinat de Krista Georgewitch, gravure d'époque

CENT ANS
LA HALLE AU BLÉ
en
1789
La Bourse de Commerce
en 1889
PARIS
IMPRIMERIE & LIBRAIRIE DES HALLES & DE LA BOURSE DE COMMERCE

Le crime manqué de Charles Gallo

Place de la Bourse

Métro : Bourse

Le 5 mars 1886, Charles Gallo, un anarchiste audacieux, mais imprévoyant et malchanceux, s'introduit à la Bourse. Il commence par se mêler tranquillement à la foule et, pensant que personne ne l'a remarqué, jette d'une manière innocente un tube dans la corbeille des agents de change. Mais pas n'importe quel tube ! Il se brise et répand aussitôt une odeur exécrable. Malheureusement pour Charles Gallo, il a commis une erreur dans la conception de l'engin fatal. De manière « à rattraper le coup », l'anarchiste s'empare de son revolver et tire au hasard dans la foule sans atteindre personne. Jouant décidément de malchance dans son criminel projet, il n'a pas eu la présence d'esprit de conserver une balle dans son chargeur. Aussi, quand les policiers accourent, il ne peut les tenir en respect pour tenter de couvrir sa fuite. Il est donc arrêté quelques secondes plus tard après son exploit manqué.
Condamné à vingt ans de travaux forcés, l'anarchiste maladroit fut particulièrement odieux avec les garde-chiourmes auxquels il en fit voir de toutes les couleurs, ce qui lui valut un placement au régime sévère des incorrigibles.

À voir aussi

La Bourse a accueilli les marchés financiers de 1826 à 1998 dans le palais conçu par l'architecte Brongniart dans le style néo-classique à la mode sous l'Empire. Les quatre statues allégoriques représentent la Justice, le Commerce, l'Industrie et l'Agriculture. Le bâtiment est aujourd'hui un centre de congrès du monde de la finance.

Affiche publicitaire pour la Bourse du Commerce

Augustin-Michel Lemonnier
présente

LUMIÈRE SUR L'ÉCHAFAUD

lettres de prison
de Jacques Fesch
guillotiné le 1er octobre 1957
à 27 ans

les éditions ouvrières

L'étrange assassin des Grands-Boulevards

39 rue Vivienne

Métro : Bourse

Pendant son service militaire, Jacques Fesch, fils d'un banquier belge, s'éprend d'une Strasbourgeoise qu'il épouse en 1951, à 21 ans. Mais ses parents sont hostiles à cette union car Pierrette est juive. Moyennant un million de francs, ils obtiennent que Jacques quitte l'Alsace, Pierrette et leur enfant pour réintégrer Saint-Germain-en-Laye et sa vie de fils à papa.
Or, Jacques rêve de voyage en voilier. Il lui faut beaucoup d'argent...
Le 24 février 1954, chez Alexandre Sylberstein, agent de change de la rue Vivienne, il déclare vouloir changer deux millions de francs papier contre leur valeur en or. Le 27 février, Jacques, armé d'un revolver dérobé à son père, revient rue Vivienne, assomme Sylberstein, vole l'or. Mais l'agent de change reprend ses esprits et sort de son magasin en hurlant. Commence alors la fuite éperdue de Fesch par la rue Richelieu et le boulevard des Italiens. Sommé de se rendre par l'agent Vergne, il l'abat d'une balle en plein cœur. Arrêté, il est condamné à mort et guillotiné le 1er octobre 1957.

Une phrase

« J'espère qu'il sera un jour vénéré comme une figure de sainteté. »
Mgr Jean-Marie Lustiger, au terme d'une enquête ouverte sur la béatification éventuelle de Jacques Fesch qui s'est converti au catholicisme en prison.

À voir aussi

Le Passage des Panoramas, accessible par le 11 boulevard Montmartre et le 158 rue Montmartre, a été ouvert en 1800. Il doit son nom à une attraction installée au-dessus de l'entrée : deux rotondes, détruites en 1831, où étaient peints des tableaux panoramiques représentant des paysages de grandes villes.

UN LIVRE

- Lumière sur l'échafaud, *Lettres de prison de Jacques Fesch*, Les Éditions ouvrières, 1972

Couverture du livre de Jacques Fesch

Louis Lomont, le mauvais gendre

11 rue Tiquetonne

Métro : Étienne-Marcel

Louis Lomont passe son enfance à commettre de menus larcins avec son frère pour complice et le passé de leur mère pour exemple. Au nombre de leurs premières victimes, leur père, un petit commerçant auquel ils volent ses denrées. Premier signe d'espoir d'une vie plus honnête, le jeune homme est embauché comme secrétaire dans un commissariat de police ! Mais, le jour même, il dérobe des papiers destinés à la confection de passeports et se retrouve à la rue.

La chance lui sourit une deuxième fois quand il épouse la fille d'une herboriste qui prête au jeune couple l'argent nécessaire à l'acquisition de l'hôtel de Russie, maison garnie sise rue Tiquetonne.

Quand le 15 juillet 1812, date imposée par dame Barberis, approche, il faut songer à la rembourser. Trois jours avant, Louis assassine sa belle-mère avec un objet tranchant ; sa belle-sœur survit par miracle. Interrogé par la police, il explique la présence de taches de sang sur ses vêtements par l'utilisation de sangsues ! Une hachette fraîchement aiguisée, cachée dans sa cuisine, le confond. Il est condamné à mort le 12 octobre 1812 après avoir innocenté son épouse.

À voir aussi

Une belle enseigne médiévale – l'arbre à liège – au numéro 10. Avec ses restaurants branchés et ses ateliers de créateurs, la rue Tiquetonne, piétonne comme plusieurs artères du quartier Montorgueil, est un paradis pour promeneurs.

L'immeuble au numéro 11 a été construit au début du XVIIe siècle.

De Q à T...

Rogier de Quiquetonne, boulanger du XIVe siècle, laissa son nom à la rue qui suit le tracé de l'enceinte de Philippe-Auguste. Avant 1868, elle s'appelait rue du Petit-Lion–Saint-Sauveur. Alexandre Dumas y logea le mousquetaire d'Artagnan.

Façade du XVIIIe siècle au 13 rue Tiquetonne

ICI
LE
31 JUILLET 1914
JEAN JAURÈS
FUT
ASSASSINÉ
HOMMAGE DE LA LIGUE DES DROITS DE L'HOMME 1923

Pourquoi Villain a-t-il tué Jaurès ?

Café du Croissant
146 rue Montmartre
Métro : Grands-Boulevards

Le 31 juillet 1914, au terme d'une journée de travail épuisante, Jean Jaurès, député socialiste et journaliste, vient de rejoindre le quartier du Faubourg Montmartre où se trouve le siège du quotidien l'Humanité, qu'il a fondé en 1904. À la Chambre, il a appris l'annonce de l'état d'urgence en Allemagne et la mobilisation de l'Autriche.
Après avoir rédigé un article contre la guerre, il dîne avec des amis. C'est alors qu'il achève son dessert que Raoul Villain, le jugeant traître à la patrie, l'abat de deux balles dans la nuque.
Jugé en 1919, dans une période d'extrême confusion, Raoul Villain est acquitté et trouve refuge à Ibiza. Celui que les habitants de Santa Eulalia surnomment « le fou du port » est soupçonné d'espionnage au début de la guerre d'Espagne. En 1936, il est exécuté par des anarchistes du camp républicain.
Scandalisé par l'acquittement de Raoul Villain, Anatole France avait écrit : « Travailleurs, Jaurès a vécu pour vous, il est mort pour vous. Un verdict monstrueux proclame que son assassinat n'est pas un crime. Ce verdict vous met hors la loi, vous et tous ceux qui défendent votre cause. Travailleurs, veillez ! ».
Dès 1921, on érige des statues de Jaurès dans la France entière. Des manifestations grandioses sont organisées en son honneur, en particulier à l'occasion du transfert de sa dépouille au Panthéon, le 23 novembre 1924.

À voir aussi

Le café du Croissant où une plaque commémore l'assassinat de Jaurès.
Le marbre de la table sur laquelle dînait le député est conservé dans le hall de la mairie de Champigny-sur-Marne.

UN LIVRE
- François Fonvieille-Alquier, *Ils ont tué Jaurès !*, éd. Robert Laffont, 1968

Plaque commémorative sur la façade du café du Croissant

Truphème a disparu

29 rue Saint-Augustin

Métro : Quatre-Septembre

Le 27 février 1928, madame Van Severen se rend au quai des Orfèvres pour signaler la disparition de Gaston Truphème, un de ses parents, de profession courtier. Il est parti chez un client avec 100 000 francs de bijoux et une traite de 30 000 francs. Personne ne l'a revu depuis. La police se rend chez le redevable de Truphème, un certain Charles Mestorino, vendeur en bijoux, 29 rue Saint-Augustin. Au terme d'une enquête minutieuse, le commissaire Guillaume et ses hommes ne tardent pas à découvrir l'atroce vérité. Criblé de dettes, harcelé par une femme sans scrupules, Mestorino a tué le courtier à coups de triboulet, l'outil en métal qui sert à forger les bagues, pour lui voler les bijoux et faire disparaître la traite. Puis il est allé brûler son cadavre dans la forêt d'Armainvilliers. Condamné le 8 juin 1928 aux travaux forcés, Mestorino meurt le 4 mars 1930 au bagne de Saint-Laurent-du-Marony, en Guyane.

Une phrase

« Suzanne, tu vas pas laisser assassiner un homme pour trente mille francs ! » Supplique de Truphème à la belle-sœur et secrétaire de Mestorino (qui faisait les yeux doux à Truphème) quand ce dernier s'acharnait sur lui.

À voir aussi

Au 5 rue Vivienne, le plus ancien site de la Bibliothèque nationale de France abrite aujourd'hui les collections spécialisées (arts du spectacle, cartes et plans, estampes et photographie, manuscrits, monnaies, médailles et antiques). On peut le découvrir à la faveur d'une visite organisée ou d'une exposition.

Postérité littéraire

C'est le commissaire Guillaume qui inspire à un obscur chroniqueur judiciaire - un Belge nommé Georges Simenon - le personnage de Jules Maigret. Son adjoint, Février, deviendra Janvier dans l'œuvre. Marcel Guillaume qui mena de main de maître l'affaire Mestorino s'est également illustré dans de nombreuses autres affaires emblématiques : comme celles de la bande à Bonnot, Landru, Violette Nozières, Paul Gorgulov, Stavisky. Surnommé par la presse populaire « l'as de la PJ », Guillaume a notamment inspiré Simenon en lui livrant sa célèbre méthode d'investigation - « l'interrogatoire à la chansonnette » - qui lui avait permis de faire passer Charles Mestorino aux aveux.

L'horloge du passage Choiseul, à deux pas de la rue Saint-Augustin

François Vidocq, prince des détectives

13 Galerie Vivienne

métro : Bourse

En novembre 1809, M. Henry, chef du deuxième bureau de la préfecture de police de Paris reçoit une visite inattendue : Vidocq, évadé du bagne dix ans auparavant est sorti de l'ombre et vient proposer à la police la création d'un service de mouchards. Henry écoute Vidocq mais à peine l'ex-bagnard a-t-il franchi le seuil de son bureau qu'il donne l'ordre qu'on l'arrête. Le soir même, Vidocq se retrouve en prison. Mais Henry change d'avis, et Vidocq sort de prison pour fonder ce qui va devenir la prestigieuse Sûreté parisienne. Après avoir fugué de la maison paternelle à l'âge de quatorze ans, tué son maître d'armes au cours d'un duel, commis des faux en écritures publiques, Vidocq, qui a effectué plusieurs séjours au bagne et s'en est évadé à plusieurs reprises, a acquis une excellente connaissance de la pègre. Il est à l'origine du système du « mouton » ou de « l'infiltration du milieu » qui permet de déjouer les projets des criminels, voire de prendre les délinquants en flagrant délit. Travaillant dans l'ombre, au 6 de la rue Sainte-Anne, assisté de repris de justice, il se montre efficace et redoutable. En 1813, il arrête 800 malfrats et au total, aurait envoyé au bagne ou à la guillotine 20 000 criminels. Finalement gracié le 15 novembre 1832 par Louis-Philippe, il donne sa démission de la police et fonde son propre bureau de détectives dont il établit les bureaux Galerie Vivienne. Il meurt le 11 mai 1857, passé à la postérité grâce à Balzac qui l'a peint sous les traits de Vautrin dans plusieurs de ses romans.

À voir aussi

La belle galerie Vivienne, ses boutiques de mode et de décoration.

UN LIVRE

- *Vidocq, Mémoires,* réédition, Robert Laffont, 1996

La galerie Vivienne construite en 1823 et classée depuis 1974

1er ARRt
RUE
DE LA GRANDE
TRUANDERIE
1er ARRt
RUE
DE LA GRANDE
TRUANDERIE

La Cour des Miracles

Rue du Caire

Métro : Réaumur - Sébastopol

L'expression désignait, sous l'Ancien Régime, les quartiers des grandes villes où mendiants et malfrats avaient élu domicile. Ils y disparaissaient la nuit, guéris « comme par miracle » de tous les maux qu'ils avaient exhibés pendant la journée. Paris comptait douze Cours des Miracles : rue du Bac, cour Brissel, rue de la Mortellerie (actuelle rue du Temple), cour de la Jussienne, rue de Reuilly, rue des Tournelles, rue Jean-Beausire, rue de l'Échelle et près de la porte Saint-Denis. Mais la plus grande se situait entre la rue du Caire et la rue Réaumur. Les soldats du guet, « les lapins ferrés », craignaient d'affronter, dans ces lieux de misère et de non-droit, les vrais voleurs et vrais mendiants grimés en faux infirmes ou faux blessés de guerre. La politique répressive conduite au XVIIIe siècle dispersa cette population redoutée de l'actuel quartier du Sentier.

Une phrase

« Cette redoutable Cour des Miracles…
… ruche monstrueuse où rentraient le soir avec leur butin tous les frelons de l'ordre social ; hôpital menteur où le bohémien, le moine défroqué, l'écolier perdu, les vauriens de toutes les nations, espagnols, italiens, allemands, de toutes les religions, juifs, chrétiens, mahométans, idolâtres, couverts de plaies fardées, mendiants le jour, se transfiguraient la nuit en brigands ; immense vestiaire, en un mot, où s'habillaient et se déshabillaient à cette époque tous les acteurs de cette comédie éternelle que le vol, la prostitution et le meurtre jouent sur le pavé de Paris. »
Victor Hugo, *Notre-Dame de Paris*, 1831

À voir aussi

Le passage du Caire avec sa façade décorée d'effigies de la déesse Hathor. Les rues de la Grande-Truanderie et de la Petite-Truanderie, près du Forum des Halles.

Façade de la rue de la Grande-Truanderie

3me. ARRt.
RUE BEAUBOURG
RUE TRANSNONAIN
10

Le massacre de la maison Doyen

62-64 rue Beaubourg

Métro : Arts-et-Métiers

Au XIXe siècle, la rue Transnonain occupe la partie de l'actuelle rue Beaubourg, entre la rue du Grenier-Saint-Lazare et la rue Michel-le-Comte. La maison sise au 12 de la rue résume à elle-seule toute l'activité du centre de Paris sous la Monarchie de Juillet. Les Doyen, propriétaires de l'immeuble, ne l'habitent pas mais des commerçants et des artisans y vivent et y travaillent. Un chapelier, un monteur sur bronze, un bijoutier, une gainière côtoient, une couturière, un peintre en bâtiment, un tailleur de pierre, un fabricant de papier peint, des employés et des ouvriers.

Un théâtre, installé au troisième étage, donne leur chance à des amateurs deux ou trois fois par semaine. Quand les échos de la révolte des canuts lyonnais, commencée le 9 avril 1834, arrivent dans la capitale, une grève pour la hausse des salaires est décidée. La Garde nationale du général Bugeaud abat les barricades à la demande de Thiers.

À l'aube du 14 avril, un coup de feu part du soupirail et tue un officier. Les soldats investissent la maison : douze des trente-quatre locataires – dont quatre enfants et un bébé – sont abattus par balles ou à la baïonnette.

Le caricaturiste Daumier témoigne du massacre dans une planche réaliste dont Louis-Philippe comprend la portée politique : il fait immédiatement détruire tous les exemplaires disponibles.

À voir aussi

Sous la plaque de la rue Beaubourg, à l'angle de la rue Chapon, on peut lire l'ancien nom de l'artère gravée dans la pierre.

Un livre

• En 1834, Ledru-Rollin, dans son *Mémoire sur les événements de la Rue Transnonain*, démonte la thèse du capitaine de Failly, bientôt promu général, qui justifie l'action des militaires.

À l'angle des rues Beaubourg et Chapon

L'assassinat du duc d'Orléans

47 rue Vieille-du-Temple

métro : Saint-Paul

Depuis le tristement célèbre bal des ardents, le roi Charles VI, atteint de crises de démence, n'est plus en mesure de gouverner. Au conseil de régence, son épouse, la reine Isabelle de Bavière s'est alliée avec son beau-frère, Louis, duc d'Orléans, en lutte avec Jean Ier de Bourgogne, dit Jean sans peur.

Le 23 novembre 1407, Louis et Isabelle dînent ensemble à l'hôtel Barbette. Surgit un messager déclarant que le roi mande son frère en urgence. Louis prend aussitôt congé d'Isabelle. Sans escorte, accompagné de quelques valets seulement, il monte sur une mule pour se rendre au chevet du roi. C'est alors qu'une vingtaine d'hommes, menée par Raoul d'Ocquetonville, fait irruption devant l'hôtel Amelot de Bisseuil, rue Vieille-du-Temple, et le frappe à la tête. Leur besogne accomplie, les assassins prennent la fuite en jetant des pièges métalliques pour ralentir leurs poursuivants qui les traquent dans les rues des Blancs-Manteaux, Saint-Martin et Saint-Denis.

À voir aussi

L'hôtel Amelot de Bisseuil, construit par un architecte de Louis XIV, est classé Monument historique depuis 1924. Sur la façade de la rue Vieille-du-Temple, un arc en plein cintre entoure un bas-relief représentant deux divinités ailées armées des trompettes de la renommée. L'hôtel, que le riche négociant Étienne Barbette se fit construire en 1218, occupait le quadrilatère délimité par les rues Vieille-du-Temple, des Francs-Bourgeois, de Payenne et du Parc-Royal. Transformé en couvent, les religieuses de l'ordre de la congrégation de Notre-Dame-du-Marais, fondé par Antoinette d'Orléans s'y installèrent en 1638.

Arsenal

Marchand d'armes, Beaumarchais loua l'immeuble en 1776 pour y installer la maison Rodriguez Hortalez destinée à fournir armes et vivres aux colons américains insurgés contre le gouvernement anglais.

Détail du porche de l'hôtel Amelot de Bisseuil

vedettes de paris.com

La descente aux enfers de Charles Dautun

Quai de la Corse

Métro : Cité

Des bateliers s'affairent autour de leur embarcation en ce matin du 9 novembre 1814 quand soudain apparaît, enveloppée dans un torchon, une tête humaine, au pied de l'escalier du quai Desaix (aujourd'hui quai de la Corse). Les initiales A et D brodées dans le tissu et deux serviettes marquées LS et D intéressent la police qui découvre bientôt près du Louvre un tronc d'homme percé au cou et à la poitrine. Dans les fossés de la place Louis XV (actuelle place de la Concorde), ce sont deux jambes dans un drap marqué A.D. et une redingote brune percée de deux coups.
Le moulage du buste, exposé à la morgue, précise : l'homme boitait et son menton présente une verrue. Une blanchisseuse reconnaît son voisin Auguste Dautun.
Le 16 décembre, son frère Charles se présente au commissariat et semble tout ignorer du sort de son frère. Fils d'un industriel de Sedan, né en 1870, il a été confié à son oncle, le docteur Vaume, à la mort de ses parents. Destiné à la médecine, Charles a préféré les bouges à la faculté. Très vite, il avoue le meurtre de son frère mais aussi celui de sa tante, la femme du docteur Vaume, resté mystérieux. Un seul mobile : le vol. Les Assises de la Seine condamnent le coupable à la peine capitale le 13 février 1815.

Une phrase

Supplique
Au moment de prononcer la sentence, le président du Tribunal s'exclame :
« Oh ! quand viendra donc le jour où l'on fermera ces salons du vice et de la perversité, où des pères barbares jouent le pain de leur famille, où des fils avilis consomment la ruine de leur fortune et la honte de leur nom ! »

À voir aussi

L'Ile de la Cité tout entière ! Pour la cathédrale Notre-Dame et la place Dauphine, le quai des Orfèvres et le square du Vert-Galant.

Le chevet de Notre-Dame vu du quai de Montebello

Petits pâtés de chair humaine

Rue Chanoinesse

Métro : Cité

À la fin du XIVe siècle, deux maisons s'élevaient côte à côte sur l'actuelle rue Chanoinesse, à l'angle de la rue du Cloître Notre-Dame. Dans l'une demeurait un barbier, dans l'autre un pâtissier, renommé pour l'excellence de ses pâtés. Les chanoines voisins du chapitre de Notre-Dame avaient pour habitude de prendre en pension des étudiants étrangers. Il arrivait que l'un d'eux disparaisse. Les bons chanoines les pensaient alors victimes des truands qui sévissaient dans le quartier.

Mais un jour de 1387, un jeune Allemand disparaît et son chien hurle à la mort devant la boutique du barbier. On soupçonne l'artisan, on l'interroge un peu vivement et il finit par avouer que, depuis plusieurs années déjà, il égorge des étudiants dont il revend les cadavres au pâtissier qui les accommode en succulents pâtés. On brûla aussitôt le barbier et le pâtissier dans une cage en fer. On rasa leurs maisons et on édifia une pyramide commémorative sur le lieu de leurs exactions.

À voir aussi

Au n° 2, une maison de chanoine de 1512.
Hubert Beuve-Méry, fondateur du quotidien Le Monde, a vécu enfant au n° 16.
Le cardinal de Retz aurait installé son quartier général au n° 17 pendant la Fronde.
Au n° 26, la cour est dallée de pierres tombales tirées d'églises du quartier disparues.

Histoire ou légende ?
Rien n'atteste l'authenticité de ces crimes. Mais dans les cas de crimes extraordinaires, il a longtemps été d'usage de brûler les pièces de procédure, après les jugements, pour tenter d'effacer des mémoires des faits barbares.

Puzzle macabre
Un demi-siècle plus tard, Victor Prévost, policier dans le 18e arrondissement, semble s'être inspiré de cette affaire ! Ancien boucher, il a dépecé le cadavre d'un courtier en bijouterie après l'avoir volé et assassiné à l'aide d'une boule de fonte munie d'une tige de fer, une pièce utilisée pour relier entre eux les wagons de chemin de fer.

Coin de verdure rue Chanoinesse

Le cordonnier préfère la guillotine

Rue Aubry-le-Boucher

Métro : Châtelet

En août 1909, Jean-Jacques Liabeuf, 23 ans, cordonnier désœuvré, est injustement condamné à trois mois de prison, cent francs d'amende, cinq ans d'interdiction de séjour pour proxénétisme. Le 9 janvier 1910, pour se venger de la brigade des mœurs, il brave l'interdiction de séjour et, en état d'ébriété, attire volontairement l'attention des policiers rue Aubry-le-Boucher. En l'appréhendant, ils se blessent : Liabeuf s'est armé de brassards hérissés de pointes d'acier, dissimulés sous sa pèlerine. S'ensuit une rixe violente au cours de laquelle il tue l'agent de police Deray et en blesse six autres, à coups de couteau et de revolver. Liabeuf est condamné à mort et exécuté le 30 juin 1910. Alors qu'il monte à l'échafaud, service d'ordre et manifestants se battent rue Broca, rue du Faubourg Saint-Jacques et place Denfert-Rochereau. Tandis que la foule hurle « Vive Liabeuf ! », indifférent, le cordonnier meurt en proclamant : « Je ne suis pas un souteneur ».
Le poète Robert Desnos avait assisté, enfant, à l'arrestation de Liabeuf. Il publia pendant la guerre, sous un pseudonyme, un poème en argot : « Rue Aubry-le-Boucher ».

Une phrase

« J'ai été condamné comme souteneur, mais je ne suis pas un souteneur. J'ai été, à la suite de cette condamnation, interdit de séjour. Eh, bien ! À cette peine infamante, je préfère la guillotine ! » Liabeuf aux assises.

À voir aussi

Victor Hugo situe la mort de Gavroche à l'angle des rues Aubry-le-Boucher et Saint-Martin.

Un livre

• Yves Pages, *L'homme hérissé, tueur de flics,* L'insomniaque 2002, La baleine, 2009
Frédéric Lavignette, *L'affaire Liabeuf, Histoire d'une vengeance,* Fage éditions, 2011

Une guillotine, modèle français

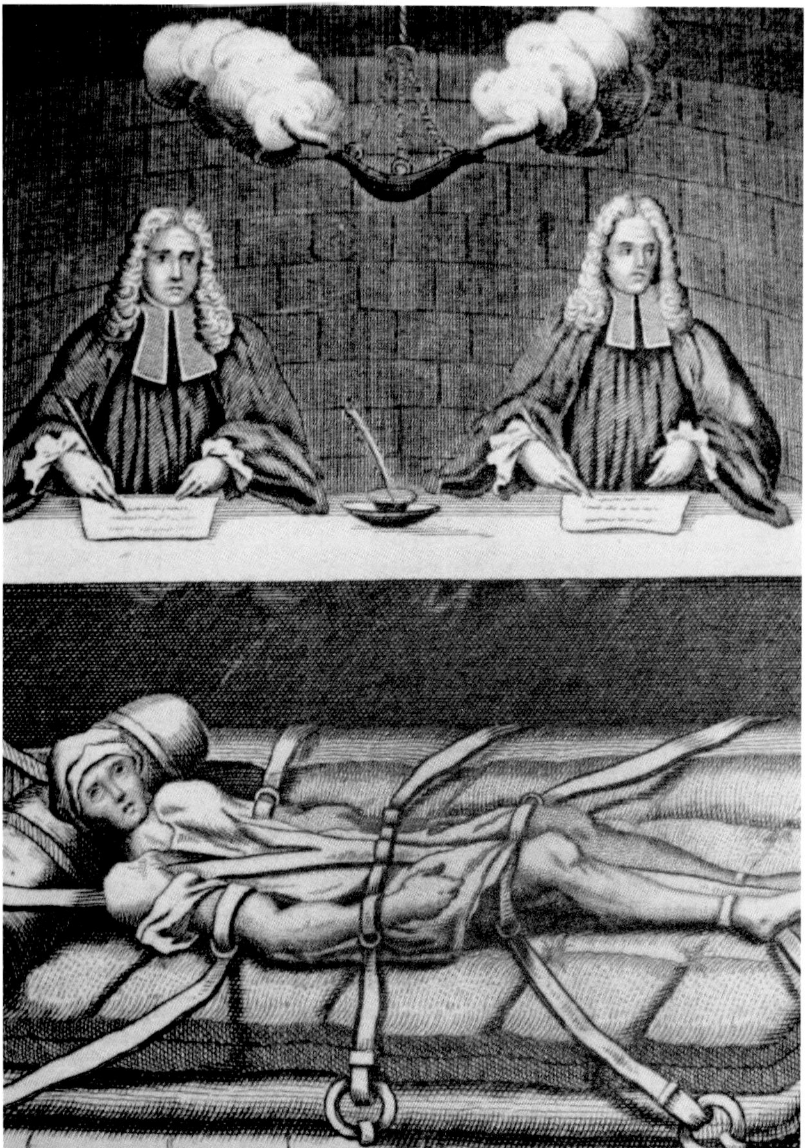

Fosses, geôles et cachots

Place du Châtelet

Métro : Châtelet

Devenue inutile depuis la construction de l'enceinte de Philippe-Auguste au début du XIIIe siècle, la forteresse du Grand Châtelet abritera désormais le siège de la prévôté de Paris chargée de la police et de la justice criminelle. On y applique aux suspects « la question préparatoire » sous diverses formes. Le supplice le plus banal consiste à verser de l'eau dans l'estomac du prisonnier à l'aide d'un entonnoir. Le supplice de la pelote consiste à garrotter l'inculpé en serrant les cordes avec un tourniquet. Les brodequins, quant à eux, broient les mollets des suppliciés grâce à des coins enfoncés dans leur chair à l'aide d'une masse.

Les criminels sont placés dans des cachots différents selon la nature de leur forfait. Deux d'entre eux sont particulièrement redoutés car on s'y sait condamné à brève échéance. La fin d'aise est remplie d'ordures et de reptiles. Dans la fosse, ou Chausse d'Hypocras, en forme d'entonnoir renversé, le prisonnier est descendu, les pieds liés, à l'aide d'une poulie. Il est contraint de se tenir debout, sans pouvoir s'appuyer au mur incliné du cachot dont le fond baigne dans l'eau.

L'emploi de la question est aboli en 1780. En 1808, Napoléon Ier fera détruire le Grand Châtelet qui occupait l'actuelle place du Châtelet et le Théâtre du Châtelet.

À voir aussi

Le plan du Grand Châtelet sur la façade du n° 12 de l'avenue Victoria.
Deux théâtres construits par Davioud, à la demande du baron Haussmann, se font face sur la place. Le Théâtre du Châtelet, temple de l'opérette, programme également concerts et spectacles de danse. Depuis 2002, il accueille la cérémonie annuelle de remise des Césars du cinéma. Le Théâtre de la Ville–Sarah Bernhardt propose principalement danse contemporaine et musique de chambre.

Robert François Damiens face à ses juges en 1757

BORD DE
L'EAU

Pèlerine, sifflet et bâton blanc

Place Louis Lépine

Métro : Cité

Munies d'un sifflet à roulette, les « hirondelles » ont sillonné à bicyclette la capitale pendant près d'un siècle. Ces gardiens de la paix tiraient leur surnom de la longue pèlerine sombre dont le préfet de police Louis Lépine les avait dotés en 1897. Mais on doit à l'ingénieux fonctionnaire bien d'autres innovations.

Pour lutter contre les apaches et la bande à Bonnot, il crée en 1910 la Brigade du Chef, équipée de pistolets Browning et d'automobiles, qui deviendra la Brigade criminelle en 1944.

La permanence dans les commissariats de quartier, les avertisseurs téléphoniques pour alerter les pompiers et Police-Secours, les passages réservés aux piétons sont à mettre à son actif. Tout comme l'emploi de chiens sauveteurs ou la formation d'agents aux langues étrangères.

Pour améliorer la sécurité sur la Seine et ses rives, Lépine organise en 1900 la brigade fluviale qui lutte contre le vol des marchandises et se porte au secours des personnes menacées de noyade. Aujourd'hui, sa durée d'intervention est inférieure à cinq minutes en n'importe quel point de Paris.

Louis Lépine se soucia aussi de culture et organisa en 1909 le musée de la Préfecture de police. Mais son nom reste indéfectiblement associé au concours-exposition qu'il imagina en 1901 pour aider les fabricants de jouets et les quincailliers.

À voir aussi

Sur la place Louis Lépine et le quai de Corse, le marché aux fleurs et aux oiseaux. L'Hôtel-Dieu, le plus ancien hôpital de Paris, créé en 651 et reconstruit au XIXe siècle. De la même époque, les bâtiments hausmanniens du tribunal de commerce et de la préfecture de police.

UN LIVRE

• Jacques Porot, *Louis Lépine : préfet de police-témoin de son temps : 1846-1933*, éd. Frison Roche, 2000

Le marché aux fleurs de l'île de la Cité

Aux marches du Palais

8 boulevard du Palais

Métro : Cité

Le palais de Justice occupe le palais de la Cité où résidèrent les rois de France du Xe au XIVe siècle. Il abrite ensuite le parlement de Paris, la chambre des comptes et la chancellerie. Plusieurs incendies ont gravement endommagé l'édifice dont l'aspect actuel doit beaucoup à Louis-Philippe et à Napoléon III. Dernière cicatrice de l'Histoire : les impacts de balles tirées lors de la Libération d'août 1944 sur la façade sud néo-gothique.
Loin du regard des visiteurs de passage, les gardés à vue en attente d'une comparution immédiate sont détenus au « dépôt », géré par la police. Les personnes détenues qui doivent passer devant le juge sont retenues dans la « souricière » qui relève de l'administration pénitentiaire.

À voir aussi

Dans le palais gothique de la conciergerie, la salle de gardes et la salle des gens d'armes construites sous Philippe le Bel, les cuisines aménagées sous Jean le Bon. De l'époque révolutionnaire qui utilisa le bâtiment comme prison, plusieurs cachots et la cellule de Marie-Antoinette ont été reconstitués.

La Sainte-Chapelle, édifiée entre 1242 et 1248, à la demande de Saint Louis pour abriter des reliques de la Passion du Christ dont la couronne d'épines et un morceau de la vraie croix. Les quinze verrières de la chapelle haute, dont les deux tiers sont d'origine, racontent l'Ancien Testament et la Passion du Christ. L'Annonciation, dans la chapelle basse, est la plus ancienne peinture murale de Paris.

La place Dauphine est une rescapée ! Les travaux du préfet Haussmann l'ont épargnée – tout comme la rue Chanoinesse – alors que l'île de la Cité médiévale a totalement disparu sous les coups de pioche commandités par Napoléon III.

Un livre

• Herveline Delhumeau, *Le palais de la Cité, Du Palais des rois de France au Palais de Justice*, éd. Actes Sud, 2011

Attentat anarchiste dans un restaurant parisien, Détective

L'abbé Ménard et Augustine Pépé

Rue Mouffetard
Métro : Censier-Daubenton

Le 1er octobre 1897, à 9 heures, alors qu'il porte les sacrements à des malades, l'abbé Ménard, vicaire à l'église Saint-Médard, au bas de la rue Mouffetard, est frappé d'un violent coup de couteau dans le dos par... l'une de ses paroissiennes. Ladite paroissienne, qui a voulu atteindre le cœur du vicaire, est une nommée Augustine Pépé, dite Coquard. Cette Nantaise de naissance, a deux frères et six sœurs. L'une d'elles a fait à Paris un « excellent mariage » d'après le chroniqueur du Courrier de Saône-et-Loire qui relate l'affaire. Deux autres habitent Montmartre où elles mènent « une vie déplorable ». Les deux dernières suivent le même chemin à Nantes, selon la même source. L'excentrique pénitente de l'abbé Ménard avait menacé le vicaire qui ne voulait plus l'entendre en confession parce qu'elle lui tenait des propos indécents. Grièvement blessé, l'infortuné saint homme finit par se remettre, grâce à Dieu. On retrouva Augustine errant dans Paris. Jugée folle, elle fut internée.

Une phrase

« Envoyez-moi cent francs, sinon j'irai me jeter à l'eau ; mais avant je vous tuerai. »
Ultimatum d'Augustine Pépé à l'abbé Ménard avant de passer à l'acte.

À voir aussi

La pittoresque rue Mouffetard sur le tracé de la voie romaine qui menait à Lyon, avec ses enseignes anciennes aux numéros 69, 122, 126 et 134.
L'église Saint-Médard, construite entre le XVe et le XVIIIe siècle fut fréquentée par de nombreux jansénistes, dont Blaise Pascal. Le chœur est recouvert d'une voûte en bois unique à Paris. Au nombre des œuvres intéressantes, citons La Promenade de saint Joseph et de l'enfant Jésus de Zurbaran, le Christ au tombeau de Philippe de Champaigne.

Enseigne « Au vieux chêne », 69 rue Mouffetard

CAFE
LE METR

Le faux crime de la rue des Bernardins

23 rue des Bernardins

Métro : Maubert - Mutualité

1649 : le cardinal de Retz et plusieurs membres de la Fronde ont décidé de faire croire au peuple que la Cour a l'intention d'assassiner Joly, syndic pour la ville de Paris, très estimé de la population. Son pourpoint et son manteau – dont une manche a été bourrée de foin – sont placés sur une poutre. Estainville troue la manche d'un coup de pistolet.
Le lendemain, Joly, passe en carrosse rue des Bernardins. Estainville, placé en embuscade, tire alors sur Joly qui se baisse, et ce faisant, échappe au coup de pistolet. On s'empresse cependant de le conduire, pour soigner sa plaie, chez un chirurgien de la rue des Bernardins, en face de l'église Saint-Nicolas-du-Chardonnet. Une plaie bénigne que Joly avait bien sûr pris soin de s'infliger lui-même.
Pendant ce temps, Argenteuil clame haut et fort que cette plaie est l'œuvre de la Cour. On raconte partout que Joly est mort et les conséquences sont lourdes : des boutiques sont fermées, le pain ne tarde pas à manquer et celui qui reste aux étals est bientôt payé le double du prix habituel. La supercherie fut rapidement découverte, le peuple apprit avec soulagement que Joly était toujours en vie et le calme revint dans la capitale.

À voir aussi

Au 20 rue de Poissy, le collège des Bernardins, joyau de l'architecture cistercienne, autrefois caserne de pompiers et aujourd'hui, restitué au diocèse, lieu de manifestations culturelles.
Au 4 de la rue de la Montagne Sainte-Geneviève, le musée de la Préfecture de police. Pour ses collections d'uniformes et de documents sur les plus célèbres affaires criminelles.

La place Maubert, à deux pas de la rue des Bernardins

François Villon, le mauvais garçon

Angle de la rue Saint-Jacques et de la rue des Écoles

Métro : Cluny - La Sorbonne

En 1431, maître Guillaume de Villon, nommé chapelain de l'église Saint-Benoît-le-Bétourné, rue Saint-Jacques, recueille François Montcorbier, un orphelin de sept ans. Malgré de solides études, le jeune homme succombe aux tentations de ce temps de désordre. Avec ses amis, étudiants en rupture d'université et autres malandrins, il est de tous les mauvais coups de la Montagne Sainte-Geneviève, haut-lieu de luxure et de beuveries.

Le 5 mai 1455, alors qu'assis devant l'église, il converse avec un prêtre, un autre ecclésiastique du nom de Sermoise le prend soudain à parti. Blessé à la lèvre d'un coup de dague, François riposte avec sa propre dague. Quand son agresseur, sévèrement touché à l'aine, prend la fuite, il reçoit une pierre au visage et s'écroule. Il meurt le surlendemain après avoir pardonné au jeune François.

Dénoncé, condamné au bannissement, le futur auteur de *La Ballade des Pendus*, qui a adopté le nom de son bienfaiteur, quitte Paris. Son premier grand poème – *Le Lais* – est daté de Noël 1456. Grâce à Guillaume de Villon, il obtient des lettres de rémission pour s'être conduit jusque-là en « homme de bonne vie » et regagne le cloître Saint-Benoît.

À voir aussi

Fermé sous la Révolution, transformé en magasin puis en théâtre, l'édifice a disparu lors du percement de la rue des Écoles. Mais son portail reste visible dans le jardin de l'Hôtel de Cluny.

Bon sens

Le chœur de l'église primitive était orienté à l'ouest, contrairement à la tradition. En 1340, l'autel est déplacé vers l'est pour être bétourné (bien tourné).

UN LIVRE

- L'œuvre de François Villon, le premier poète moderne de la littérature française.

Entre la Seine et la rue des Écoles

MAISON DE LA MUTUALITÉ

Par la corde et par le feu

Place Maubert

Métro : Maubert - Mutualité

Quand on lui passe la corde au cou, le 12 juin 1752, le pilleur d'églises François Masson regrette-t-il son crime ? Impossible de le savoir mais, à coup sûr, il ignore que son nom sera le dernier d'une longue liste. Depuis le XVIe siècle, la place Maubert est un lieu d'exécutions publiques. On pend, on étrangle, on brûle un maçon, un libraire, un orfèvre...

Les imprimeurs, accusés d'hérésie protestante ou de matérialisme, sont les principales victimes : Étienne Dolet, ami de Clément Marot et de Rabelais, traducteur de Platon, est torturé, pendu puis brûlé le 3 août 1546 pour « blasphèmes, séditions et exposition de livres prohibés et damnés ».

En 1889, le conseil municipal de Paris lui érige une statue en bronze qui devient un symbole de la laïcité républicaine. André Breton y fait allusion dans *Nadja* en 1928. Elle sera fondue en 1942 par les autorités françaises et livrée à l'armée allemande pour en faire des obus.

Une phrase

« Notre crime, c'est de nous unir, de vivre ensemble comme bons compagnons, de nous secourir mutuellement comme frères. »

Étienne Dolet au Parlement de Toulouse

À voir aussi

Rénovée en 2011, la place Maubert accueille depuis 1347 un des plus anciens marchés de la capitale.

Au 24 de la rue Saint-Victor, le palais de la Mutualité, à l'architecture art déco, est un haut-lieu de rassemblements politiques mais aussi une scène où se sont produits Brel, Ferré, Cerdan et Charlie Chaplin.

Sauvé !

À l'automne 1528, François Ier accorde sa grâce à un jeune domestique qui a vu la mort de près. Pendu sans succès au gibet de la place, il a failli être achevé par le couteau du bourreau. Indignée, la foule présente a empêché le geste fatal.

L'entrée principale de la maison de la Mutualité

Les sanglantes amours de Manette

Rue du Pot-de-Fer

Métro : Monge

Le 16 mai 1808, Marie-Catherine Cécile Bouhourt dite Manette, jolie perruquière d'une vingtaine d'années, est exécutée en place de Grève. Le témoignage de la veuve Mary, sa dernière victime qui a survécu, permet aux enquêteurs du commissariat de l'Observatoire de reconstituer l'itinéraire criminel de la jeune femme.

Le jour de Noël 1805, rue Neuve Sainte-Geneviève, elle a assassiné à coups de marteau Gabriel Pierre Boyssou, âgé de 54 ans, ancien professeur au séminaire. Elle l'a séduit déguisée en homme – redingote, bottes de cuir et chapeau rond – et passe dans le quartier pour son neveu. Le contenu du coffre-fort et quelques objets précieux semblent avoir motivé son acte.

L'année suivante, Manette – dite Auguste – récidive sur la personne d'Antoine-François Prévost qui aimait déguiser ses maîtresses en garçon. Il succombe aux blessures causées par une hachette. C'est à sa voix que les voisins du malheureux reconnaissent Manette lors de son procès.

La veuve Mary est la seule victime féminine de Manette et c'est la jalousie qui, cette fois, provoque le drame. Les locataires de l'immeuble de la rue du Pot-de-Fer sont formels : les deux femmes entretenaient une relation passionnelle et orageuse dont le dénouement sordide ne les surprend pas.

À voir aussi

La rue du Pot-de-Fer est l'une des plus animées du très touristique quartier Mouffetard. À l'époque d'Alexandre Dumas, « cette petite rue silencieuse et verdoyante, c'était un rêve enchanté.» (Les Mohicans de Paris, 1827)

Dans une maison de la rue Neuve Sainte-Geneviève – aujourd'hui rue Tournefort – vivait une communauté de jeunes filles pauvres, recueillies par l'église Saint-Étienne-du-Mont pour protéger leur vertu.

Les arènes de Lutèce, amphithéâtre gallo-romain, entrée au 49 rue Monge.

Nuit de terreur

Pont Saint-Michel

Métro : Saint-Michel

Le 17 octobre 1961, Paris vit l'une des pages les plus sombres de son histoire : une manifestation pacifique suscite une répression policière dont le nombre exact de victimes reste encore sujet à polémiques.
À l'appel du FLN, principale organisation de la lutte pour l'indépendance de l'Algérie, plus de vingt mille personnes – plus du double selon certaines sources – convergent dans le centre de la capitale vers 19 heures. Français et Algériens, hommes et femmes – parfois très jeunes – entendent protester contre le couvre-feu récemment imposé aux Nord-Africains. Trois points de rassemblement sont prévus : le quartier de l'Étoile, les Grands-Boulevards et les abords de la Préfecture de police, au Quartier Latin.

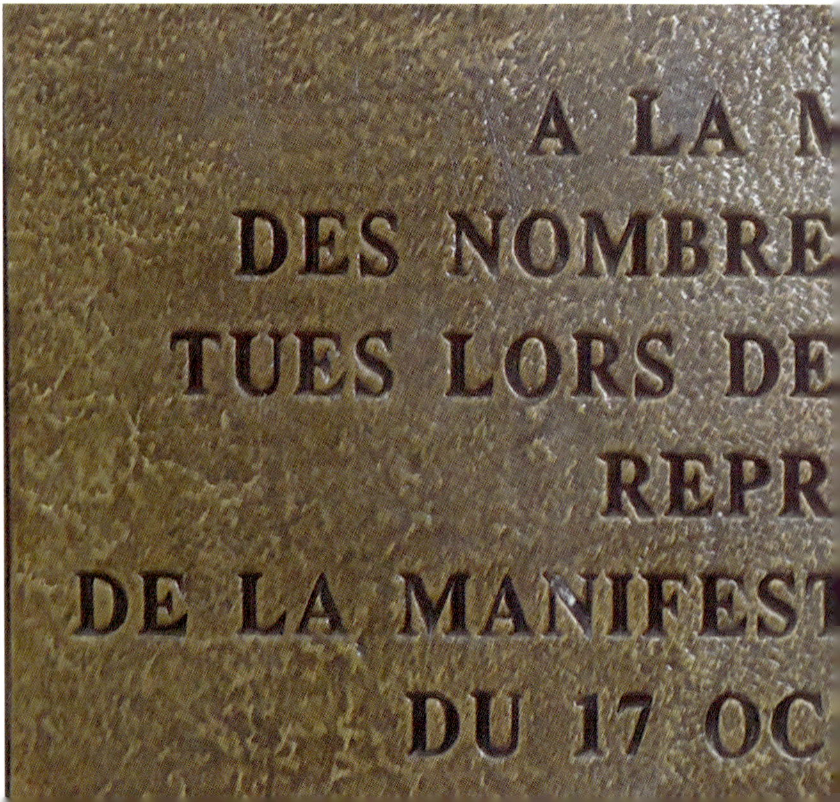

Très vite, les forces de police sont débordées par l'ampleur des cortèges de manifestants venus à pied, en métro ou en autobus. À la faveur de la nuit et sous une pluie battante, la répression s'abat sur la foule. Pour y échapper, des Algériens se jettent dans la Seine au pont Saint-Michel. D'autres sont précipités dans le fleuve au pont de Bezons, d'Asnières et de Clichy. Plus de onze mille personnes sont arrêtées et incarcérées au palais des Sports et au stade Pierre-de-Coubertin avant d'être expulsées. Puis un silence de plus de cinquante ans s'abat sur cette nuit d'épouvante.

À voir aussi

Sur le pont Saint-Michel, la plaque commémorative apposée le 17 octobre 2001 par le maire de Paris.

Un livre
- Jim House et Neil Mac Master, *Les Algériens, la République et la terreur d'État,* éd.Tallandier, 2008
- Daeninckx et Mako, *Octobre noir* (B.D.), éd. adlibris, 2011

La plaque commémorative sur la rive droite du quai

Le soldat et la vieille dame

19 rue Descartes

Métro : Cardinal-Lemoine

Le 2 mars 1888, à 7 h du soir, mademoiselle Vignon découvre sa mère gisant sur le plancher de leur appartement de la rue Descartes ; l'octogénaire a été étranglée. Le mobile du crime semble crapuleux.

Au cours de l'enquête, le concierge de l'immeuble fournit une indication précieuse : le dernier visiteur de madame Vignon était un soldat. Il lui avait déjà rendu visite à plusieurs reprises dans le mois qui venait de s'écouler et s'était présenté comme un ancien apprenti de son fils. On ne tarde pas à l'identifier : il s'agit d'un certain Édouard Schumacher. Il est rapidement arrêté chez son père qui tient une boutique de cordonnier, au 39 rue de la Clef. Sous son oreiller, on retrouve la montre et le porte-monnaie dérobés à la veuve Vignon. Édouard ne peut qu'avouer son crime. Âgé de 22 ans, incorporé au 112e régiment de ligne à Bastia, il devait réintégrer l'île de Beauté au terme d'une permission qui a épuisé ses finances. Le soldat espérait se refaire en dévalisant la veuve Vignon qu'il pensait riche. Avant de passer à l'acte, il s'était enivré pour se donner du courage. Jugé le 11 juillet 1888, il est condamné à mort, guillotiné le 10 septembre et inhumé à Ivry.

À voir aussi

Pour se reposer de l'ascension de la Montagne Sainte-Geneviève, rien de tel qu'une halte dans le jardin Carré, au n° 11, ouvert lors de l'emménagement du ministère de l'Enseignement Supérieur et de la Recherche dans les anciens locaux de l'École Polytechnique.
Au 39, la maison où est mort Paul Verlaine le 8 janvier 1896.

Le Panthéon, monument néo-classique a été conçu comme église par Jacques-Germain Soufflot en 1755 pour abriter la châsse de sainte Geneviève. C'est aujourd'hui un temple républicain où sont inhumées 75 personnalités parmi lesquelles Rousseau, Voltaire, Alexandre Dumas, Victor Hugo, Jean Jaurès, Pierre et Marie Curie, André Malraux. Il abrite aussi le pendule du physicien Léon Foucault.

Le jardin Carré du pavillon Boncourt

La folle vengeance de Verger

Église Saint-Étienne-du-Mont

Place Sainte-Geneviève
Métro : Cardinal-Lemoine ; RER : Luxembourg

Le 3 janvier 1857, Monseigneur Sibour célèbre la fête de Sainte-Geneviève, en l'église de Saint-Étienne-du-Mont. La cérémonie est grandiose. Elle va virer au tragique.

Alors que l'archevêque s'avance pour bénir l'assemblée, un homme surgit et frappe l'ecclésiastique d'un couteau à longue lame en s'écriant : « À bas la déesse ! ». L'iconoclaste enragé, l'abbé Verger, est immédiatement arrêté. Son interrogatoire révèle une véritable obsession théologique : à ses yeux, le dogme de l'Immaculée Conception exprime un retour au paganisme ! En délicatesse avec sa hiérarchie depuis plusieurs mois déjà, il avait multiplié les scandales et, à sa demande, avait été démis de ses fonctions. Bien que jugé fou, le meurtrier de l'archevêque est condamné à mort au terme d'un procès rapide. Il est guillotiné un mois plus tard devant la prison de la Roquette.

À voir aussi

Saint-Étienne-du-Mont mérite une visite attentive : son jubé de pierre est le dernier existant à Paris, Blaise Pascal et Racine y reposent. Dans *En route* (1895), J.K. Huysmans décrit longuement cette église qu'il juge l'une des plus belles de la capitale.
Une plaque à l'entrée de la nef marque l'endroit où est tombé Monseigneur Sibour.

UN LIVRE
- Lamartine : La mort de Marat, dans *Histoire des Girondins* (1847)

La façade de l'église Saint-Étienne-du-Mont

Il était l'ami du peuple

20 rue de l'École de médecine

Métro : Odéon

Le samedi 13 juillet 1793, dans son petit logement de la rue de l'École de médecine, Jean-Paul Marat est dans son bain où il demeure de longues heures pour tenter de soigner une maladie de peau. Charlotte Corday arrive de Caen et persuade Simone Évrard, l'amie de Marat, de la conduire auprès de lui. Tandis que le révolutionnaire prend des notes sur ce qu'elle lui relate de la situation en Normandie, elle se jette sur lui et lui enfonce un couteau dans le sein droit. Il ne pousse que quelques cris avant de succomber. La Fondée, chirurgien-dentiste et Pelletan, chirurgien de l'Hôtel-Dieu, ne peuvent que constater le décès de « l'ami du peuple ». Charlotte Corday manqua d'être lynchée par la foule. Sous bonne garde, elle fut conduite à l'abbaye de Saint-Germain-des-Prés puis à la conciergerie. Elle comparut devant le Tribunal Révolutionnaire et fut guillotinée, habillée de la chemise rouge des parricides, le 17 juillet, place de la Révolution, l'actuelle place de la Concorde.

À voir aussi

Au 15, les collections d'anatomie du musée Dupuytren, sur le site de l'ancien couvent des Cordeliers, premier nom de la rue, occupé par la faculté de Médecine.

« Marat au bain »

Le corps de Marat embaumé, remis dans la baignoire placée sur une estrade, avait été transporté au Club des Cordeliers, situé dans la même rue, pour que David exécute sa toile. On promena plus tard la dépouille de Marat, toujours dans sa baignoire, dans les rues de la capitale avant de l'inhumer dans l'enclos du couvent des Cordeliers. Longtemps, des brocanteurs peu scrupuleux vendirent – fort cher – à des acheteurs crédules la baignoire du crime.

« C'est bien ! dit-il de l'accent d'un homme sûr de sa vengeance ; avant huit jours, ils iront tous à la guillotine ! » A ces mots, comme si l'âme de Charlotte eût attendu un dernier forfait pour se résoudre à frapper, le coup, elle tire de son sein gauche le couteau et le plonge avec une force surnaturelle jusqu'au manche dans le cœur de Marat. Charlotte retire du même mouvement le couteau ensanglanté du cœur de sa victime et le laisse glisser à ses pieds. « A moi, ma chère amie, à moi ! » s'écrie Marat, et il expire sous le coup. »

Alphonse de Lamartine, Histoire des Girondins, 1847.

L'entrée du réfectoire de l'ancien couvent des Cordeliers (XIVe siècle)

Marie Lescombat sème la mort

Carrefour Croix-Rouge

Métro : Saint-Sulpice

Quand, à l'automne 1754, Henri Mongeot, élève ingénieur de 23 ans, s'installe chez l'architecte Louis-Alexandre Lescombat, il ignore que son épouse accueille des pensionnaires pour tromper son ennui. Tout le quartier autour de la rue Garancière apprécie, en revanche, les soirées qu'organise la belle Marie qui ruine son mari, sous couvert de favoriser sa carrière.

Mongeot ne résiste pas longtemps aux charmes de son hôtesse qui, son mari se montrant menaçant, convainc son amant de s'en débarrasser. Un soir de décembre, devant le jardin du Luxembourg, Mongeot poignarde l'architecte.

Emprisonné, Mongeot avoue et accuse sa maîtresse : elle lui a promis le mariage et une vie heureuse avec l'enfant qu'elle attend de lui.

Mongeot est roué sur le carrefour de la Croix-Rouge le 7 janvier 1755. Son corps reste exposé deux jours sur les lieux de l'exécution. Marie est arrêtée alors qu'elle se prépare à quitter Paris en compagnie de son nouvel amant.

Elle obtient un sursis jusqu'à la naissance de son fils puis se prétend à nouveau enceinte.

En vain. Marie Lescombat est pendue en place de Grève, le 2 juillet 1755.

À voir aussi

Sur la place, la statue du Centaure est l'œuvre du sculpteur César qui donna son nom aux trophées du cinéma. Le carrefour est devenu Place Michel-Debré en 2006.

Dans le jardin Marco Polo, la fontaine des Quatre-Parties-du-Monde, au sud du jardin du Luxembourg

Qui a tenu le poignard qui a tué Fabre d'Olivet ?

35 rue du Cherche-Midi

Métro : Sèvres-Babylone

Antoine Fabre d'Olivet, 56 ans, est mort le 27 mars 1825 à deux heures du matin des suites d'un coup de poignard.

Grand initié, il est le descendant d'une famille de huguenots persécutée sous Louis XIV. À l'abri des préoccupations matérielles grâce à un mariage providentiel, Fabre d'Olivet a consacré sa vie à étudier le latin, le grec, le sanscrit et l'hébreu. Ce fin connaisseur de la poésie occitane peut être considéré comme le précurseur du Félibrige de Frédéric Mistral. Il a également cultivé la pensée ésotérique et mis au point un mode inédit de déchiffrement kabbalistique de la Bible. Fondateur d'un culte secret qu'il pratiquait dans un templum installé au cœur de son appartement de la rue du Cherche-Midi, s'est-il offert en sacrifice aux entités qu'il avait évoquées ? A-t-il été victime d'un ange exterminateur ? Auquel cas qui était-ce et quels étaient ses mobiles ? Et comment se fait-il que l'enquête n'ait jamais pu aboutir ?

À voir aussi

La rue doit peut-être son nom à un cadran solaire disparu. Plusieurs personnalités y ont demeuré : au 9, Roger Martin du Gard, l'auteur des Thibault ; au 21, Laennec, l'inventeur du stéthoscope ; au 39, Adèle Foucher avant son mariage avec Victor Hugo qui y lut son Cromwell en 1827 ; au 44, Victor Hugo enfant, avec sa mère et ses frères en 1813. L'hôtel de Montmorency-Bours, au 85, héberge le musée Ernest Hébert.
Au 89, l'ambassade du Mali occupe l'ancien grand hôtel de Montmorency où vécut madame Sans-Gêne.

Illustration pour la notice « poignard », encyclopédie Larousse du XXe siècle

17

Sur la piste de Cartouche

17, quai Malaquais

Métro : Saint-Germain-des-Prés

Joli visage et beaux yeux noirs, Louis Dominique Garthausen ou Bourguignon ou Lamarre, 27 ans et un nombre imposant de crimes et de délits à son actif, entre dans la légende sous le sobriquet de Cartouche. Chef de bande de la Cour des Miracles et héros du petit peuple à la manière de Robin des Bois. En cette année 1720, le 30 mars, il a épousé sa complice Marie-Antoinette Néron sans pour autant renoncer à une carrière de séducteur qui lui coûte fort cher. Quelques mois plus tard, Cartouche s'empare d'un lot d'actions, pour une valeur d'un million trois cent mille livres, émises par le banquier Law. Il est arrêté en décembre, s'échappe et reprend ses coupables activités. Piquée au vif et soupçonnant Cartouche du meurtre d'un passant, la police parisienne confie l'enquête à un archer du guet, un certain Pépin. Une course poursuite s'engage qui entraîne les deux hommes du Pont-Neuf à la rue des Petits-Augustins puis sur le quai Malaquais. Le lendemain matin, le corps de Pépin est retrouvé devant l'hôtel de Bouillon, sis au numéro 17. Cartouche mourra, roué vif en place de Grève, le 28 novembre 1721. Son masque mortuaire est aujourd'hui conservé au musée municipal de Saint-Germain-en-Laye.

À voir aussi

Le quai Malaquais offre une vue imprenable sur le 36 quai des Orfèvres.
Au 19, la maison natale d'Anatole France qui habita au 15.
Au 29, dans sa mansarde bleue, George Sand écrivit *Lélia* en 1835.

Le masque mortuaire de Cartouche

Après son exécution, le cadavre de Cartouche fut exposé pendant trois jours dans une baraque foraine. Une foule de Parisiens se pressa pour venir contempler la dépouille. Puis le corps fut autopsié par un médecin du Régent qui fit réaliser des moulages en cire de la tête et du buste. Par souci de réalisme, le sculpteur utilisa les cheveux et les vêtements du supplicié.

L'hôtel de Bouillon

Construit en 1635, modifié par Mansart, décoré par Lebrun et Le Notre, devenu hôtel de Chimay, il fait partie de l'École nationale des Beaux-Arts de Paris depuis 1883.

La façade du n°17 quai Malaquais.

Royale torture

160 boulevard Saint-Germain
Métro : Mabillon

Entre 1275 et 1636, sur le boulevard Saint-Germain, au carrefour des rues de Buci et du Four, se dressait le pilori de l'abbaye de Saint-Germain-des-Prés. Il était destiné aux commerçants fraudeurs, aux proxénètes, aux faux-témoins et aux blasphémateurs. Le condamné était exposé deux heures par jour, trois jours de marché consécutifs sur un pilier à plate-forme. La tête et les mains étaient prises dans les trous d'une roue horizontale en fer tournant sur un axe vertical. On changeait le sens de la rotation toutes les demi-heures. Le supplicié faisait donc une pirouette qui donna sans doute son nom à la rue du pilori du quartier des Halles.
Installé sous Louis IX, c'était un véritable monument. Le bourreau habitait le rez-de-chaussée en pierre, haut de trois mètres ; le pilori était à l'étage surmonté d'un toit en pointe. Tombé en ruine, l'édifice fut remplacé mais les Parisiens incendièrent la nouvelle construction en 1516. Une décapitation accidentelle avait déchaîné leur colère.
La Révolution Française abolit ce supplice en le remplaçant par le carcan qui servit jusqu'en 1832, abandonné à son tour au profit d'une simple exposition publique. La deuxième République mit un terme définitif à ces pratiques infamantes en 1848.

À voir aussi
Quartier prisé des intellectuels depuis le XVIIe siècle, Saint-Germain-des-Prés a connu la gloire dans les années d'après-guerre. On y croisait Sartre et Beauvoir à la terrasse du café de Flore ou aux Deux-Magots. Une époque révolue au profit des grandes enseignes du commerce de luxe mais le lieu reste splendide.

UN LIVRE
• Jacques Hillairet, *Gibets, piloris et cachots du vieux Paris*, Éditions de Minuit, 1956 ; 1989

Le clocher-porche de l'église Saint-Germain-des-Prés

Mortel mal de dent

16 rue de Vaugirard

Métro : Odéon

Il est minuit, le 8 décembre 1936, quand Setark Sassonni, chirurgien-dentiste, rentre rue de Vaugirard, au domicile qu'il partage avec son frère. Il y fait une macabre découverte : Armen, qui exerce la même profession que lui, a reçu trois balles dans la tête. Son corps gît près d'une tablette sur laquelle se trouve un appareil téléphonique dont le récepteur est décroché. Tout laisse supposer que le malheureux a tenté d'appeler Police-Secours avant de succomber. Sur la même tablette, le commissaire de police de Saint-Germain-des-Prés découvre un revolver, l'arme du crime. Vengeance familiale (le dentiste est en mauvais termes avec les parents de son ex-épouse) ? Drame passionnel (Armen a été menacé par un petite amie avec laquelle il vient de rompre) ?
L'après-midi du même jour, la meurtrière du dentiste, accompagnée de son avocat, se constitue prisonnière. Elle explique que sa fille, venue se faire soigner par le docteur Armen Sassonni, a été victime d'un malaise. Il a alors abusé d'elle et... elle s'est retrouvée enceinte. Quand il ne lui a plus été possible de cacher sa grossesse, elle a dû l'avouer à ses parents. Son père voulant se suicider, elle avait pour projet de tuer son séducteur et de se supprimer ensuite. La mère a donc choisi de tuer elle-même le fauteur de troubles. Inculpée d'homicide volontaire, elle a aussitôt été écrouée à la prison de la Roquette.

À voir aussi

À deux pas du jardin du Luxembourg, le théâtre de l'Odéon, inauguré en 1782, a été construit pour abriter la Comédie Française. Classé au titre des Monuments historiques depuis 1947, c'est aujourd'hui l'un des cinq théâtres nationaux de France. « Théâtre de l'Europe » depuis 1983, l'Odéon favorise la création et la recherche.

Charlatan vantant aux Parisiens ses remèdes contre les maux de dents vers 1900

RESTAURANT
CAFÉ
L'HOTEL

Bombe au palais Bourbon

9 place du Palais Bourbon
Métro : Assemblée Nationale

Le 9 décembre 1893, Louis Mirman, député de l'Action Française, termine son intervention. Soudain, une détonation envahit l'assemblée et des centaines de petits clous de tapissier voltigent, atteignant de nombreux élus et spectateurs de la séance. La police, dont seize commissaires, investit les lieux. On identifie le coupable qui, touché à la cuisse par un clou, a été transporté à l'Hôtel-Dieu, parce que ses mains sont couvertes de traces de poudre.
Auguste Vaillant, un manœuvre de 32 ans, passe aux aveux : « Oui, c'est moi. J'étais seul, je n'ai eu besoin de personne. Je suis un anarchiste. J'en veux à l'organisation sociale. Il faut que tout cela change, alors j'ai voulu atteindre le gouvernement. »
Son engin conçu pour blesser sans tuer avait pour but de faire réfléchir l'opinion. Sadi Carnot hésite : doit-il accorder la grâce présidentielle ? Au terme de plusieurs jours de réflexion, face à la menace anarchiste, il s'y refuse. Le 5 février 1894, Vaillant est guillotiné ; ses dernières paroles sont : « Mort à la société bourgeoise ! Vive l'anarchie ! »

Une phrase

« Messieurs, la séance continue ! »
Charles Dupuy, président de la chambre, qui vient d'arracher le clou qui l'a atteint à la tête. La formule a depuis beaucoup servi…

À voir aussi

Le palais Bourbon a été construit, en 1722, pour Louise-Françoise de Bourbon, fille légitimée de Louis XIV et madame de Montespan. Confisqué en 1791, le palais « ci-devant Bourbon » est déclaré bien national. L'Assemblée nationale y siège depuis 1946.
Dans la bibliothèque, dont le fonds fut constitué à partir des biens confisqués chez les aristocrates émigrés, se trouvent les minutes du procès de Jeanne d'Arc et des manuscrits de Rousseau.

Déblaiement après un attentat dans un café parisien, Le Petit Journal, 14 décembre 1893

L'espionne trahie par la dame de fer

Champ de Mars
Métro : Champ de Mars

En 1904, Gertrude Zelle, alias Mata-Hari, danse en tenue légère au restaurant de la tour Eiffel.
Changement de style en 1915 : la dame de fer est devenue un agent efficace du deuxième bureau dont le capitaine Ledoux est le chef. Au centre d'écoute, le capitaine Brenot décode un message destiné à un agent ennemi : « H 21 parti en cure. » Or, à Vittel, célèbre ville d'eau, la France a installé un centre expérimental d'aviation. On s'empresse donc d'y rechercher H 21... On y découvre Mata-Hari qui justifie sa présence par son amour pour le capitaine Marow, un soldat blessé du 1er régiment russe.
Objet d'une surveillance attentive, Mata-Hari est pistée jusqu'à Madrid où réside le major Kalle, attaché militaire allemand avec lequel elle se lie. Quand elle reviendra à Paris, ce sera pour toucher un chèque de 15 000 pesetas au Comptoir national d'Escompte. Pour Ledoux, l'affaire est claire. Mata-Hari est arrêtée, jugée, condamnée à mort et fusillée le 15 octobre 1917.

Une phrase

« Cette haute et maigre pyramide d'échelles de fer, squelette disgracieux et géant, dont la base semble faite pour porter un formidable monument de Cyclopes, et qui avorte en un ridicule et mince profil de cheminée d'usine. » Guy de Maupassant

À voir aussi

BELLE ET UTILE !

Construite en deux ans, deux mois et cinq jours, de 1887 à 1889, par 250 ouvriers, la tour Eiffel devait être démolie en 1909. Mais Gustave Eiffel s'employa à sauver son œuvre en lui trouvant une justification scientifique. La Tour servira d'abord à la météorologie, puis à l'aérodynamique et à la communication radiophonique.

Mata-Hari interprétant la danse des sept voiles en 1905

Sip
restaurant
INVALIDES
Sèvres Babylone
CONCORDE

Le dossier Albert Prince

6 rue de Babylone

Métro : Sèvres - Babylone

Le 20 février 1934, au bord de la voie ferrée Paris-Dijon, au lieu-dit La Combe-aux-Fées, des promeneurs découvrent le corps mutilé d'Albert Prince, conseiller à la cour d'appel de Paris, chef de la section financière du parquet de la Seine, demeurant rue de Babylone.
Le magistrat s'apprêtait à remettre un rapport sur les malversations de Stavisky. Un dossier lourd que contenait sans doute la mallette retrouvée vide à ses côtés. Pour sa famille, il est tombé dans un guet-apens car plusieurs indices ne laissent guère de place aux doutes.
Un mystérieux coup de téléphone a attiré Albert Prince à Dijon où sa mère était soi-disant souffrante. La veille de sa disparition, il a été vu près de la gare, dans une voiture, aux prises avec deux individus inquiétants. Mais les commissaires Belin et Guillaume préfèrent la thèse du suicide et, pour l'accréditer, ils ne reculent devant aucune calomnie.
Tout comme l'inspecteur Bonny. Dix ans plus tôt, Guillaume Seznec a fait les frais de ses méthodes et, en 1940, ce triste personnage mettra ses talents au service de l'occupant nazi. Il oriente l'enquête vers trois caïds marseillais. En vain car leurs avocats démontrent aisément la faiblesse de l'accusation. L'opinion publique s'émeut : le garde des Sceaux est contraint à la démission le 14 octobre, l'inspecteur Bonny est condamné pour corruption en 1935. L'affaire est classée en 1937. L'ouverture du dossier au public sera possible en 2034 !

À voir aussi

Au 32, l'hôtel de Cassini.
Au 36, les jardins de l'hôtel Matignon.
Au 57, les façades, le jardin et la salle du cinéma La Pagode.

UN LIVRE
- Jacques Bonny, *Mon père l'inspecteur Bonny*, éd. Robert Laffont, 1975.

À l'angle de la rue de Babylone et du boulevard Raspail

393-1-S

Nuit noire pour l'ingénieur

Avenue des Champs-Élysées
Métro : Champs-Élysées - Clémenceau

Toutes les villes du monde devraient élever des statues à la mémoire de Philippe Lebon. C'est à ce brillant chimiste et ingénieur que l'on doit l'invention du gaz d'éclairage qui révolutionna la vie nocturne des citadins.
La cause de sa mort prématurée, à 37 ans, est des plus banales : une crise de goutte plus violente qu'à l'accoutumée. Mais une autre version, véhiculée par de nombreux ouvrages, évoque un assassinat. Ce qui ressemble bien à une légende naît sous la plume de Louis Figuier, vulgarisateur scientifique du XIXe siècle, qui fait la part belle à l'ironie du sort.
L'ingénieur aurait été, à la faveur de l'obscurité, victime d'un rôdeur armé d'un couteau, dans la nuit du 2 décembre alors qu'il revenait par les Champs-Élysées des cérémonies du sacre de Napoléon. L'acte de décès de la mairie du 8e arrondissement et celui de la paroisse du Saint-Sacrement ne laissent pourtant guère de place au doute : Lebon est mort la veille, chez lui, en présence de sa servante.

À voir aussi
On monte ou on descend les Champs pour tout voir ! C'est à André Le Nôtre, le paysagiste du château de Versailles et du jardin des Tuileries que l'on doit « la plus belle avenue du monde » qui n'a jamais cessé d'évoluer : on n'y comptait que six maisons en 1800 !

Coquetterie
En 1938, les Champs sont la première avenue au monde à recevoir un revêtement en bitume. La même année, Sacha Guitry tourne *Remontons les Champs–Élysées*.

UN LIVRE
- *Flagrants délits sur les Champs-Élysées : Les dossiers de police du gardien Federici (1777-1791)*, A. Farge et L. Turcot, éd. Mercure de France, 2008.

Les Champs-Élysées vers 1900

Un piège pour l'huissier

3 rue Tronson-du-Coudray

Métro : Saint-Augustin

Bon père, Toussaint-Auguste Gouffé, huissier de justice, élève seul ses deux filles. Bon vivant du XIXe siècle, il collectionne les maîtresses. Le 26 juillet 1889, il retrouve mademoiselle Bompard à deux pas du boulevard Haussmann. Gabrielle a 21 ans, un regard troublant et des intentions inavouables. Quand elle accueille son visiteur, le piège est prêt : le canapé est relié à une poulie dissimulée par un rideau. Et derrière le rideau se cache Michel Eyraud. Elle a séduit Gouffé ; il le pend par surprise. Pas d'argent dans les poches de la victime mais la clé de son étude. Eyraud s'y rend mais, pris de panique, oublie les 14 000 francs posés sur le bureau et... son chapeau !

Le couple infernal prend le train pour Lyon avec le cadavre dans une malle. Deux jours plus tard, ils se débarrassent en rase campagne de leur encombrant bagage et entament une cavale américaine du Canada à Cuba. Le 22 janvier 1890, un mandat international permet de les repérer. Largement couvert par la presse, leur retour en France est un véritable feuilleton à sensations. En gare de Lyon, Gabrielle s'exclame : « Ah ! j'en ai du succès. Y'en a du peuple ! Y'en aurait pas tant pour la reine d'Angleterre ! ».

Eyraud est guillotiné. La Bompard, condamnée à vingt ans de travaux forcés, sera curieusement libérée très vite et mourra au début des années 1920.

À voir aussi

Dans le square Louis-XVI, seul lieu public de Paris portant ce nom, se trouve la chapelle expiatoire à la mémoire du roi et de Marie-Antoinette, à l'endroit où leurs corps ont été d'abord enterrés.

UN LIVRE

- Pierre Darmon, *La malle à Gouffé. Le guet-apens de la Madeleine*, éd. Denoël, 1988

Gabrielle Bompard en train pour Lyon lors de la reconstitution du crime

D·O·M·SVB·INVOC·S·M·MAGDALENAE

La marmite infernale

Place de la Madeleine

Métro : Madeleine

Le 15 mars 1894, Désiré Joseph Pauwels, anarchiste belge, décide de venger son camarade Auguste Vaillant, qui a été guillotiné le 5 février.
Depuis deux ans, les attentats anarchistes se multiplient et les condamnations aussi.
Pour donner un grand retentissement à son acte, Pauwels a jeté son dévolu sur l'église de la Madeleine où se célèbrent baptêmes, mariages et funérailles des nantis et grands de la capitale. Mais les portes de l'église sont lourdes à pousser... Pauwels s'arc-boute, commence à suer sang et eau. De faux-mouvement en faux-mouvement, voilà que fort malencontreusement pour lui, il retourne la petite marmite de sa confection... L'anarchiste explose sur le seuil de l'église.
Un prêtre, accouru à la hâte, donne l'absolution à sa dépouille et la police se hâte de classer l'affaire.
Ami de Reclus et de Ravachol, il était soupçonné d'avoir déposé des bombes, un mois plus tôt, rue Saint-Jacques et rue du Faubourg Saint-Martin.

À voir aussi

L'église de la Madeleine est un parfait exemple d'architecture néoclassique avec son portique octostyle. L'instabilité politique de la fin du XVIIIe siècle et du début du XIXe siècle a influé sur sa construction qui a duré 85 ans. Conçu par Napoléon Ier comme un temple à la gloire de sa Grande Armée en 1806, le bâtiment faillit être transformé en 1837 en gare ferroviaire, la première de Paris, avant de devenir une église en 1845. Des concerts y sont régulièrement organisés.

Façade de l'église de la Madeleine et détail de la porte principale

Comme les bêtes fauves…

55 rue du Faubourg Saint-Honoré

Métro : Concorde

Françoise Altaria Rosalba Sebastiani, fille du général d'Empire Sebastiani, a succombé sous les coups de son époux, le duc de Choiseul-Praslin.
Pair de France et député, il lui a fait dix enfants et, ce 17 août 1847, l'a assommée dans leur luxueux hôtel particulier du Faubourg Saint-Honoré, avec une crosse de pistolet avant de la transpercer de coups de couteau.
Mais que reprochait donc le duc à sa femme ? La menace d'un procès en séparation de corps qui ruinerait sa réputation et sa carrière. Sur l'origine du conflit, certains avancent la liaison du duc avec la gouvernante des enfants.
Maxime Ducamp, lui, incrimine la duchesse : « Sans habileté, poursuivant son mari de ses désirs, lui écrivant vingt lettres par jour, le harassant de reproches et de souvenirs, violente et jalouse, elle représente un type assez rare, celui de la nymphomane vertueuse. »
La thèse du crime de rôdeur écartée, le duc est incarcéré dans l'attente de son jugement par la Chambre des pairs. Pour échapper à la justice, il se donne la mort en absorbant une forte dose d'arsenic une semaine après le drame.
L'opposition républicaine prétendit que le duc, bénéficiant de complaisances, avait fui à l'étranger.

Une phrase

« La malheureuse femme, comme les bêtes fauves prises au piège, a fait le tour de la chambre en hurlant et en cherchant une issue sous le couteau de l'assassin. »
Victor Hugo, *Choses vues,* 1847.

À voir aussi

Le faubourg Saint-Honoré est bordé de demeures prestigieuses : l'hôtel de Pontalba, l'hôtel Guébriant, l'hôtel La Trémoïlle… L'hôtel Sebastiani a été détruit lors de l'agrandissement du palais de l'Élysée.

UN LIVRE
- Pierre Maurice-Garçon, *Le meurtre de la duchesse de Choiseul-Praslin*, éd. Mame, 1969

Un porche du palais de l'Élysée

Le deuxième anniversaire de l'assassinat du Président Doumer

PARIS (6 mai). — A l'occasion du deuxième anniversaire de la mort du président Doumer, M. Albert Lebrun s'est rendu au cimetière de Vaugirard où il est allé s'incliner devant la tombe de l'ancien chef de l'Etat.

L'hommage des écrivains anciens combattants

PARIS (6 mai).— L'Association des écrivains anciens combattants, représentée par son bureau, s'est rendue aujourd'hui au cimetière Vaugirard pour déposer une gerbe de fleurs sur la tombe du président Doumer.

Gorguloff, le fou qui venait de l'Est

11 rue Berryer

Métro : George V

Vendredi 6 mai 1932, hôtel Salomon de Rothschild, rue Berryer. L'Association des écrivains combattants tient son salon du livre. Un certain Paul Brède, qui s'est présenté comme un auteur russe, se fait dédicacer un ouvrage par un confrère, Claude Farrère. En réalité, il s'agit de Paul Gorguloff.

Le président de la République Paul Doumer qui a perdu quatre de ses fils lors de la Grande Guerre, honore le salon de sa visite. À peine est-il entré dans la salle que l'on entend des détonations. La première balle ne touche personne, les deux suivantes atteignent le Président sous l'aisselle et derrière l'oreille gauche. Tandis que le blessé est évacué à l'hôpital Beaujon où il décédera quelques heures plus tard, Gorguloff est arrêté. On le conduit sous bonne escorte au quai des Orfèvres et on procède immédiatement à son interrogatoire.

Ce Russe de 37 ans, totalement paranoïaque, déclare : « J'ai tiré sur le Président parce que la France aide les bolcheviks ». Gorguloff comparaît devant les Assises de la Seine le 25 juillet 1932. Médecin raté mais anticommuniste forcené qui n'a pu obtenir ni l'asile politique ni la nationalité française, il est condamné à mort et exécuté le 14 septembre 1932. Sa dépouille rejoint le carré des suppliciés du cimetière d'Ivry.

Une phrase

« Tuez-moi, prenez ma vie, mais sauvez mon idée ! »
Leitmotiv de Gorguloff lors de son procès.

À voir aussi

L'hôtel Salomon de Rothschild, construction néoclassique dans le goût de la fin du XVIIIe siècle, appartient à la Fondation nationale des Arts graphiques et plastiques (FNAGP). Le jardin de 4 000 m² est ouvert au public.

Journal de Saône-et-Loire, 6 mai 1934

Le Journal illustré

Triple assassinat de luxe

17 avenue Montaigne

Métro : Franklin-D. Roosevelt

Le 17 mars 1887, Marie Régnault, sa femme de chambre, Annette Grémeret et sa petite fille, âgée de onze ans et demi sont découvertes égorgées dans un appartement du troisième étage du 17 avenue Montaigne.
Marie Régnault, native de Chalon-sur-Saône, bientôt quadragénaire, « brune et bien en chair », « jolie et bien conservée », selon plusieurs chroniqueurs de l'époque, était entretenue par un riche négociant de la capitale. Connue sous le nom de Régine de Montille dans le monde de la galanterie, elle passait pour avoir fait fortune mais ce qui retint l'attention des témoins, c'est la scène de crime : une véritable boucherie dans un décor de luxe. La courtisane était étendue en chemise sur sa descente de lit, la tête presque séparée du corps ; sa femme de chambre, sans doute accourue à son secours, gisait non loin d'elle, décapitée, et l'enfant avait le cou tranché.
L'enquête conduisit Henri Pranzini à la guillotine, le 31 août. Séducteur et polyglotte, aventurier surtout, il avait volé les bijoux et 200 000 francs de diamants et de valeurs avant de prendre la fuite.

À voir aussi

Les vitrines des grands couturiers qui font de cette avenue le paradis des élégantes fortunées.
Marlène Dietrich habita au n° 12 de 1980 jusqu'à sa mort en 1992.

Errements
La Faculté de médecine de Paris demanda un moulage de la tête de Pranzini pour en étudier les caractéristiques faciales propres aux criminels. Cette théorie fut réduite à néant par le professeur Lacassagne, pionnier de la médecine légale en France.

UN LIVRE
• Viviane Janouin-Benanti, *Le Chéri magnifique, histoire d'un crime,* éd. Cheminements, 2002

Le Journal Illustré, magazine hebdomadaire créé en 1864

Le drame de l'avenue Marceau

26 avenue Marceau

Métro : Alma - Marceau

Le jeudi 10 novembre 1897, peu avant midi, le commissaire Prélat et le docteur Jeanton, pénètrent dans l'appartement cossu de la famille Dreyfus. Ils constatent alors que toute la famille, qui se fait appeler O'Hecuerty, du nom de madame – depuis l'affaire du capitaine que l'on sait – est décédée des suites d'un suicide collectif au gaz carbonique. Dans la famille Dreyfus alias O'Hecuerty, il y a : Armand, le père, âgé de 40 ans, commerçant, de son état ; la mère, plus jeune de 8 ans, et les trois fillettes de 7, 11 et 13 ans. La veille du drame, le chef de famille avait congédié ses domestiques et il avait annoncé à son concierge que toute la famille partait en villégiature pour Londres. Quoique possédant encore de bonnes rentes, le commerçant qui avait fait de mauvaises affaires s'était vu contraint de réduire son train de vie au cours des derniers mois. Il jugeait que c'était une situation insupportable, pour lui et pour les siens. Il avait donc choisi de quitter ce bas-monde en optant pour une solution radicale : un suicide familial. Les funérailles de la famille Dreyfus furent largement commentées par la presse. Les cinq corbillards de sixième classe se suivirent jusqu'au cimetière Montparnasse. Ceux des parents étaient tendus de noir, ceux des enfants de blanc. Quatre d'entre eux croulaient sous des avalanches de fleurs. Mais pas celui d'Armand Dreyfus.

Une phrase

« Je ne comprends la vie qu'avec la fortune. » Formule préférée d'Armand Dreyfus.

À voir aussi

Marquant la frontière entre les très huppés 8e et 16e arrondissements, l'avenue Marceau est bordée d'hôtels particuliers.
Au n° 24, l'hôtel du marquis de Panisse-Passis bâti en 1882.
Au n° 36, l'hôtel de M. L. Lefébure, de style néo-Louis XIII, construit en 1910. Tout comme, au n° 64, l'hôtel de la comtesse de Breteuil qui est aujourd'hui occupé par l'hôtel InterContinental Marceau.

L'éléphant de la colline de Chaillot, projet inabouti de salle de spectacle sous Louis XV

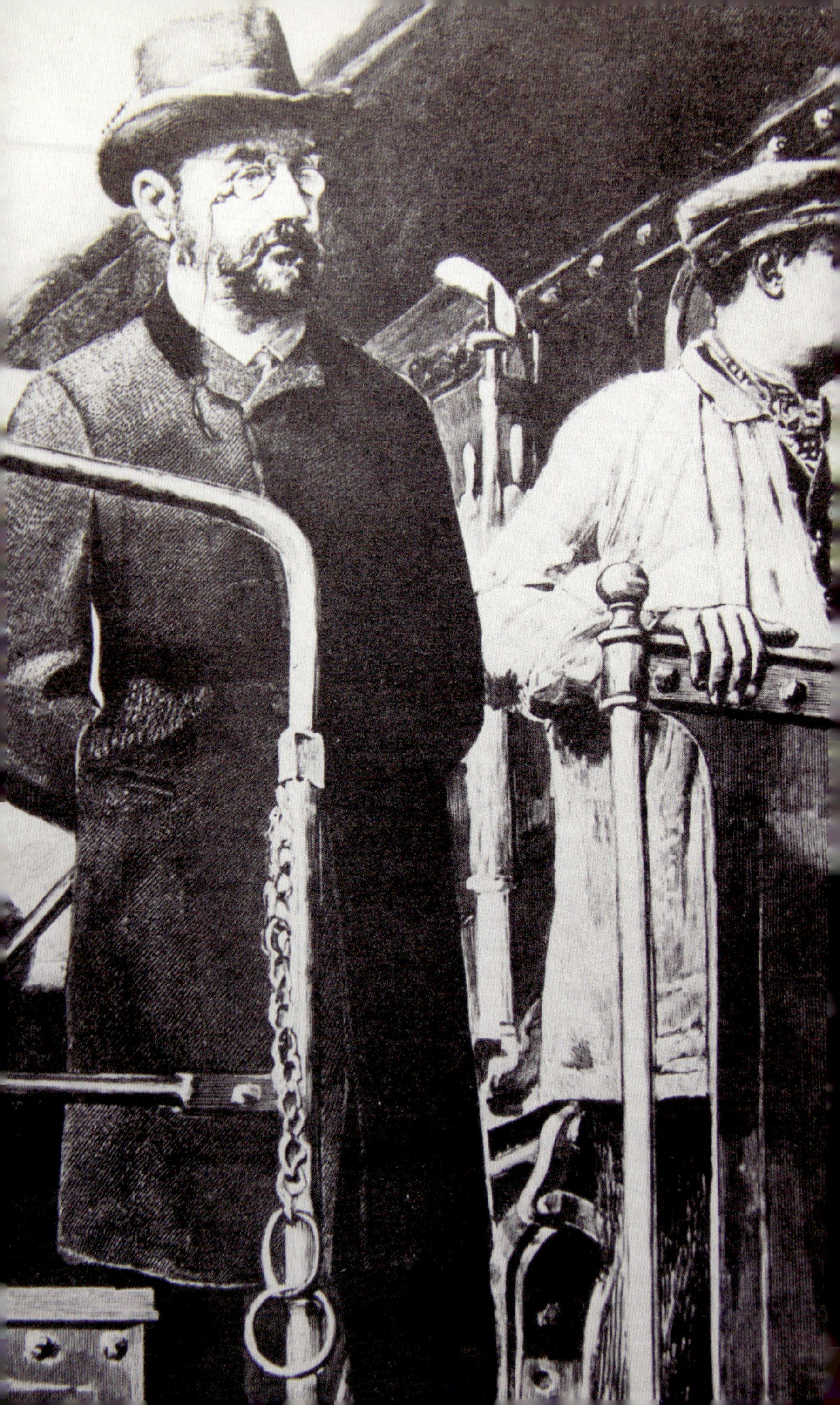

Zola assassiné ?

21 rue de Bruxelles

Métro : Blanche

Pour adoucir la température de l'appartement de la rue de Bruxelles inoccupé tout l'été, Jules Delahalle, le domestique des Zola, a allumé un feu de boulets de charbon. La pièce est rapidement enfumée ; Jules laisse le feu s'éteindre et referme la trappe de la cheminée.

Dans la nuit de ce 29 septembre 1902, Alexandrine Zola, incommodée par les émanations, quitte la pièce. Quand elle y revient, l'écrivain gît sur le sol et toutes les tentatives pour le ranimer échouent.

La version officielle d'une mort accidentelle est remise en question en 1953 par le journal *Libération*. Henri Buronfosse, un ramoneur membre de la Ligue des patriotes, aurait intentionnellement bouché le conduit la veille du drame. Les appels au meurtre de ce « cochon de Zola » et « fils d'immigrés » des anti-dreyfusards donnent du crédit à cette thèse. Mais elle suppose la complicité du domestique réputé très attaché à son patron...

Une phrase

Confidences

Le commissaire Cornette a déclaré avant de mourir : « Oui, Zola est mort dans des conditions très suspectes... Je crois que si on avait cherché davantage, on aurait découvert qu'il ne s'agissait peut-être pas tellement d'un accident ; mais à ce moment, la France sortait à peine de l'affaire Dreyfus. L'autorité supérieure ne tenait pas à avoir un autre sujet d'agitation.»

Alors que la mort de Zola suscite une immense émotion, La Libre Parole, journal nationaliste et antisémite, titre *Scène naturaliste : Zola meurt d'asphyxie.*

À voir aussi

La place Blanche, pour l'un des monuments les plus prisés des touristes étrangers : le Moulin-Rouge !

Le square Berlioz, avec une belle statue de pierre du compositeur, pour se reposer du tumulte de la place de Clichy.

UN LIVRE

- Jean Bedel, *Zola assassiné*, éd. Flammarion, 2002

L'écrivain en repérage pour son roman « La Bête humaine » (1895)

12 Pages
12 Pages
Le Petit Journal
HEBDOMADAIRE
61, rue Lafayette, Paris
illustré
PRIX : 0 fr. 30
18 Juin 1922

L'affaire Bessarabo

3 square La Bruyère
Métro : Saint-Georges

Dans ce quartier, tranquille en 1920, où tout le monde se connaît, la disparition de Georges Weissmann-Bessarabo, directeur de l'agence franco-mexicaine de mines et pétroles, ne pouvait pas passer inaperçue. Le 2 août, son chauffeur s'en émeut auprès du commissaire du quartier qui obtient très vite les aveux de l'épouse, un bien curieux personnage.
Marie-Louise, jeune veuve délurée, a convolé en secondes noces en 1915. Mais le nouvel élu passe les bornes : ses multiples liaisons lassent la dame qui, au terme d'une discussion orageuse, le tue d'un coup de pistolet dans leur appartement du square La Bruyère. Son imagination littéraire – elle a publié nombre de poèmes, contes et chroniques sous le pseudonyme de Hera Mirtel – la pousse à plagier l'affaire Gouffé ! Le corps est expédié dans une malle chapelière à Nancy.
L'enquête révèlera la complicité de la fille, née du premier mariage, de la meurtrière. Elle permettra également de tirer au clair la mort du premier mari : l'année précédente, au Mexique, Marie-Louise l'a étranglé et a maquillé son crime en suicide.
Condamnée à vingt ans de travaux forcés, elle meurt en prison huit ans après son incarcération.

À voir aussi
De nombreux artistes (Delacroix, Géricault, Ingres, Chopin) et écrivains (George Sand, Alexandre Dumas, Victor Hugo) ont habité le quartier Saint-Georges, baptisé la Nouvelle-Athènes.
Le musée de la Vie romantique, 16 rue Chaptal, restitue l'atmosphère des salons intellectuels du XIXe siècle.

Échos
Le New York Times consacra à la « poétesse meurtrière » des articles à sensation.
En 1931, Francis Carco évoque l'affaire dans son recueil « *Prisons de femmes* », adapté au cinéma en 1938.

Marie-Louise Bessarabo lors de son procès, gravure du Petit Journal

Mort d'un ténor

Opéra Garnier
Métro : Opéra

En cet automne 1909, Jules Godart fait le bonheur des parisiens amateurs de bel canto, assidus aux soirées de l'Opéra. Le 22 octobre, l'artiste dîne chez ses amis Doudieux quand une migraine l'assaille. Les deux cachets d'antipyrine promptement fournis vont mettre un terme à une carrière qui s'annonçait prometteuse. Nulle intention coupable n'animait pourtant la maîtresse de maison qui aurait dû cependant faire preuve de plus de prudence. Les cachets, des chocolats et même un panier de moules lui étaient anonymement parvenus par la poste. Des lettres aussi, injurieuses.
L'enquête qui suit la mort de l'infortuné chanteur permet de remonter à une demoiselle Marie Bourette, ancienne vendeuse au rayon des jupons d'un grand magasin. Quelques années plus tôt, monsieur Doudieux s'étant montré sensible à son charme, elle avait rêvé de mariage. Doudieux en a épousé une autre et le dépit de Marie a laissé place à la haine et au désir de vengeance : tous ses envois contenaient des doses mortelles d'arsenic.
Le ténor Godart mourut ; Doudieux reconnut l'écriture de son ancienne amie et, au terme d'une instruction rapide, la police arrêta l'empoisonneuse. Peu après sa condamnation à perpétuité aux Assises en juillet 1910, elle fut internée dans un asile psychiatrique.

À voir aussi
L'Opéra Garnier, inauguré le 5 janvier 1875. Le grand escalier, les foyers, le musée, l'espace d'exposition temporaire et la salle de spectacle se visitent librement tous les jours de 10 h à 17 h (sauf fermetures exceptionnelles).

UN LIVRE
• *Le Fantôme de l'Opéra*, le roman de Gaston Leroux publié en 1910, qui a inspiré de nombreux films et adaptations musicales.

L'élégant éclairage de la place de l'Opéra

T TERMINUS CAFE

Tragique concert au Café Terminus

108 rue Saint-Lazare

Métro : Saint-Lazare

Le 1er février 1894, le Café Terminus, en face de la gare Saint-Lazare, est bondé. Boutiquiers, employés, petits rentiers se pressent, ravis à la perspective de se détendre en écoutant un concert.
Entre alors un jeune homme blond. Quoi de plus banal ? Mais à peine a-t-il pris place à une table qu'il lance, en direction de l'orchestre, une petite boîte d'apparence anodine. Il s'agit en réalité d'une bombe, laquelle pulvérise aussitôt les vitres et les miroirs de l'établissement, détruit trois tables de marbre mais surtout blesse vingt personnes.
Immédiatement, un policier et un garçon de café tentent d'interpeller le coupable… Il les abat de deux coups de revolver, avant de prendre la fuite. Il est bientôt rattrapé rue d'Isly. Cet individu que cerne une foule furibonde se nomme Émile Henry. Admissible depuis peu au concours d'entrée à Polytechnique, il assume la responsabilité des divers attentats auxquels il a participé au nom de ses convictions anarchistes. Lors de son jugement, au président du tribunal qui lui reproche son geste : « Vous avez tué des innocents », Émile Henry réplique : « Il n'y a pas de bourgeois innocents. »
Il est guillotiné le 21 mai 1894, en présence de Georges Clemenceau et de Maurice Barrès.

Une phrase

« J'aime tous les hommes dans leur humanité et pour ce qu'ils devraient être, mais je les méprise pour ce qu'ils sont. »
Émile Henry, lors de son procès.

À voir aussi

Le restaurant du Café Terminus de style Belle Époque, revu par la créatrice Sonia Rykiel.

UN LIVRE

• Émile Henry, *Coup pour coup*. Textes établis par Roger Langlais, éd. Plasma, coll. "Table Rase", 1977

Le nouveau Café Terminus de la rue Saint-Lazare

Landru, le sire de Gambais

76 rue Rochechouart
Métro : Anvers

Le 12 avril 1919, les policiers procèdent à l'arrestation de Lucien Guillet. Ils soupçonnent ce petit homme chauve et barbu de vivre sous plusieurs identités différentes dont le pseudonyme de « Tartampion ».
L'enquête va rapidement révéler que de nombreuses femmes ont mystérieusement disparu après avoir fréquenté ce père de famille d'apparence anodine. L'astucieux sans scrupules a profité de l'hécatombe de la Grande Guerre pour apporter réconfort et consolation aux femmes esseulées.
Sa méthode de recrutement ? Une petite annonce dans les journaux : « Monsieur sérieux désire épouser veuve ou femme incomprise entre 35 ou 45 ans ». Les réponses affluant en masse, il se livrait à un minutieux archivage, ne retenant que les candidates les plus fortunées et les moins entourées. Puis il les séduisait, les escroquait et, une fois en possession de leurs biens mobiliers et immobiliers, les tuait, les découpait et brûlait les morceaux dans un poêle de sa cuisine de Gambais, dans les Yvelines.
Son procès attira le Tout-Paris : Raimu, Colette, Mistinguett assistaient aux audiences. Condamné à mort pour l'assassinat de onze femmes entre 1915 et 1919, Landru fut exécuté le 25 février 1922 dans la cour de la prison de Versailles.

À voir aussi
Tout un circuit peut être organisé sous la sinistre houlette de Landru : sa résidence familiale au 76 rue Rochechouart ; le domicile de sa maîtresse Fernande Segret au 22 rue Custine ; le 32 rue de Maubeuge où vécut son unique victime mineure et sans fortune ; le domicile de sa première victime au 67 rue du Faubourg Saint-Denis et encore le 32 rue Crozatier, le 95 rue de Patay, le 330 rue Saint-Jacques…

UN FILM
- *Landru*, de Claude Chabrol, 1963, avec Charles Denner.

La cuisinière dans laquelle Landru aurait brûlé la plupart de ses victimes

L'insaisissable Judex

Gare de l'Est

Métro : Gare de l'Est

Qui, dans la nuit du 6 décembre 1860, a assassiné le juge Poinsot, président de la 4e chambre à la Cour impériale, paisible voyageur du train Bâle-Paris, avant son arrivée en gare de l'Est ? L'affaire n'a jamais été élucidée même si Charles Jud fut arrêté le 18 novembre 1861. Évadé le lendemain, tout concourait à le désigner comme l'auteur de ce crime sans mobile apparent comme de l'agression d'un chirurgien militaire russe sur la même ligne quelques mois plus tôt. Il est condamné par contumace à la peine de mort le 15 octobre 1861. Son dossier a disparu dans l'incendie des archives de la préfecture de Police pendant la Commune.
Mais qui était Charles Jud ? Décrit par la police comme un « malfaiteur de la pire espèce et d'une énergie peu commune », il se perdit dans la foule pour entrer dans la légende d'un nouveau genre : les malfrats ferroviaires !

À voir aussi

La gare de l'Est a servi de décor à de nombreux films dont *La Grande Vadrouille* de Gérard Oury en 1966 et *Le Fabuleux Destin d'Amélie Poulain* de Jean-Pierre Jeunet en 2001.
Dans le hall Grandes lignes, une peinture monumentale, *Le Départ des poilus*, août 1914, offerte par l'Américain Albert Herter.
Au sous-sol, plusieurs réseaux de modélisme ferroviaire à diverses échelles aménagés par L'Association française des Amis des chemins de fer et accessibles au public.

Retombées de l'affaire
Pour contrer la psychose qui gagnait les usagers, le ministre de l'Intérieur, décida de l'installation du signal d'alarme dans les trains.
Souvestre et Allain s'inspirèrent de la « carrière » de Charles Jud pour créer le personnage de Judex.

UN LIVRE
- *Le Tueur du Paris – Mulhouse*, Viviane Janouin – Benanti, L'àpart éditions, 2010

« Le Départ des poilus » dans le hall des départs de la gare de l'Est

Monsieur Edmond règle ses comptes

45 boulevard Magenta

Métro : Jacques - Bonsergent

Malgré la guerre et l'Occupation, le café d'Émile Berthet, boulevard Magenta, ne désemplit pas. C'est que le patron a le sens des affaires. Chef d'une bande de cambrioleurs, il est aussi souteneur depuis qu'il a rencontré Marie-Ange Dupont. Les habitués l'appellent Monsieur Edmond en souvenir du film *Hôtel du Nord*, dont l'action se situe dans le quartier.
Le 20 décembre 1945, le marlou envoie un de ses hommes, un dénommé Jimmy, boulevard Magenta. Sa mission : assassiner la belle-sœur du cafetier pour piller son appartement. Mais Jimmy, pris de remords, menace de parler. Le 29, son patron l'emmène à la campagne sous un prétexte futile et l'abat d'une balle dans la nuque du côté de Puiseaux, dans le Loir-et-Cher. La police reconstitue sans mal le sordide scénario ; Émile Berthet est arrêté chez lui à Paris. Mais les tribunaux ont fort à faire en cette période difficile et il ne sera jugé et guillotiné que cinq ans plus tard.

À voir aussi

Une mini-croisière sur le canal Saint-Martin, qui relie le bassin de la Villette au port de l'Arsenal, permet de passer devant l'Hôtel du Nord. L'établissement mythique héberge aujourd'hui un restaurant et une salle de concert.

Un film

- *Hôtel du Nord*, Marcel Carné, 1938, pour Jouvet, Arletty et les dialogues d'Henri Jeanson, même si la plupart des scènes ont été tournées dans des décors reconstitués dans les studios de Billancourt.

Passerelle des Écluses de la Villette sur le canal Saint-Martin

Dans la famille Bonnot, le neveu

54 boulevard Poissonnière

Métro : Bonne Nouvelle

Le 20 août 1944, Jules Demay 31 ans, neveu de Jules Bonnot, abat madame Faure, la concierge du 54 boulevard Poissonnière, d'une rafale de mitraillette. Le cambriolage de cet ancien dépôt de provisions allemand a mal tourné. Dans la soirée, Rosay et Vavasseur, ses deux complices sont froidement liquidés pour éviter le partage du butin.

Arrêté, Demay s'évade. Le 5 novembre, à Saint-Denis, en état d'ivresse, il abat Geneviève, sa sœur aînée, de deux balles de revolver, parce qu'elle lui faisait la morale.

Arrêté et évadé à deux reprises, il tue, le soir de Noël 1944 au Mickey-Bar, rue de la Croix-Nivert, l'inspecteur de police Bréant puis gifle son cadavre. Gracié le 24 novembre 1950 puis libéré en 1968, il meurt en 1970 à Rouen.

Une phrase

« Je n'aime les poulets que rôtis ! » Jules Demay à sa dernière victime.

À voir aussi

Au 1, le cinéma Le Grand Rex, ouvert en 1932, bénéficie d'une inscription aux Monuments historiques depuis 1981. On peut visiter les coulisses et les espaces techniques et même devenir acteur au cours de la promenade !

Au 11, les voix de Charles Trénet, Édith Piaf, Léo Ferré et bien d'autres résonnent-elles encore dans le magasin construit sur l'emplacement du music-hall de l'ABC qui enchanta les Parisiens de 1935 à 1965 ?

Au 24, le cinéma Max Linder Panorama rappelle le talent de l'acteur burlesque qui acquit la salle en 1914. Les Cahiers du Cinéma y organise des festivals.

Un des bureaux de la rédaction du Petit Journal

Le Petit Journa

e Petit Journal — 5 CENTIMES — SUPPLEMENT ILLUSTRÉ — 5 CENTIMES — ABONNEM

JOUR – 6 PAGES – 5 CENTIMES

inistration : 61, rue Lafayette

Supplément illustré

AQUE SEMAINE 5 CENTIMES

Le Petit Journal Militaire, Maritime, Colonial.... 10 cent.

Le Petit Journal agricole, 5 cent. ~~ La Mode du Petit Journal, 10 cent.

Le Petit Journal illustré de la Jeunesse, 10 cent.

On s'abonne sans frais dans tous les bureaux de poste

SEINE et SEINE-ET-OISE.

DÉPARTEMENTS.

ÉTRANGER

Les manuscrits ne s

huitième Année — DIMANCHE 20 OCTOBRE 1907 — N

Au cabaret des Assassins

Rue de Malte

Métro : République

Émile Lévy, dit Milo, est un apache. Autrement dit un jeune voyou parisien de la Belle Époque, membre d'une bande organisée spécialisée dans le vol, l'escroquerie, l'arnaque de rue et le proxénétisme. Le 2 mars 1900, rue de Malte, Milo et ses comparses Denain et Decourcelle s'en prennent à la veuve Caron, tenancière du cabaret... Aux assassins ! Elle résiste, ils la tuent de trente-trois coups de couteau et s'enfuient avec la recette du jour et quelques bijoux. Milo est condamné à mort puis gracié le 11 février 1901 ; ses complices écopent de la perpétuité.

À voir aussi

LE CIRQUE D'HIVER

Rue Amelot, inauguré en décembre 1852 par Napoléon III

Œuvre de l'architecte Hittorf qui avait déjà doté la capitale d'un Cirque d'Été et de la Gare du Nord, il est aujourd'hui indissociable du nom de la famille Bouglione qui perpétue la tradition des arts de la piste. Le bâtiment est inscrit aux Monuments historiques depuis 1975.

Portrait en pied

Curieusement soucieux d'être remarqués, les apaches soignaient leur mise : une casquette à large visière, une chemise fripée ou un maillot rayé et, bien visible, un couteau à cran d'arrêt. Nombre d'entre eux vivaient entre Ménilmontant et Belleville mais la violence de leurs attaques était redoutée dans toute la capitale. Le terme apache disparaît à partir de 1920, conséquence sans doute des ravages de la Première Guerre mondiale dans cette classe d'âge.

UN LIVRE

- Dominique Kalifa, *L'Encre et le Sang. Récits de crimes et société à la Belle Époque*, éd. Fayard, 1995

Le Petit Journal, couverture du 20 octobre 1907

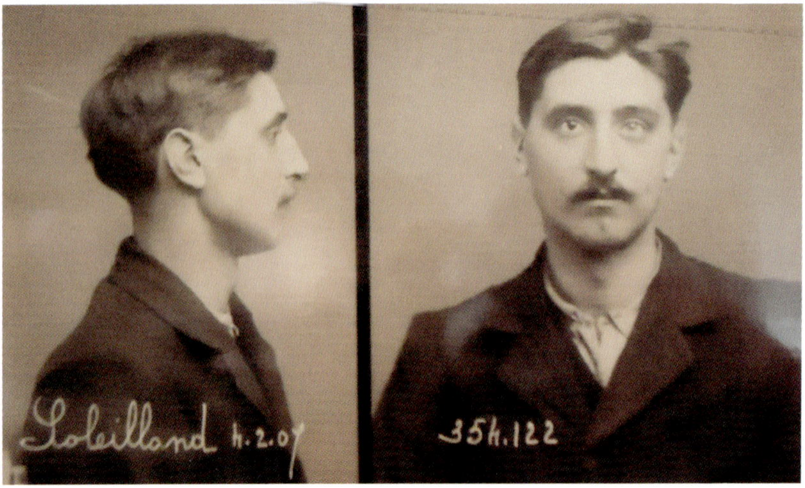

Au cœur du débat sur la peine de mort

76 rue Saint-Maur

Métro : Saint-Maur

L'affaire est d'une banale atrocité : le 31 janvier 1907, l'ébéniste Albert Soleilland viole et assassine Marthe, une enfant de onze ans, près de chez elle, rue Saint-Maur. C'est le contexte de ce crime qui lui donne une dimension historique. Depuis des mois, tous les condamnés à mort sont graciés par le président de la République, Émile Loubet puis par son successeur Armand Fallières.
Un projet de loi visant à supprimer la peine capitale est sur le point d'être discuté.
Au terme d'un procès de deux jours, Soleilland est condamné à mort. Sa grâce, accordée le 13 septembre, déchaîne une campagne anti-abolitionniste dans toute la presse. Le journal *Le Petit Parisien*, conservateur et anti-dreyfusard, organise un référendum par cartes postales qui exprime le retournement de l'opinion publique : 1 083 655 votants s'expriment pour le maintien de la peine de mort ; 328 692 se prononcent pour sa suppression.
À la Chambre, le 5 novembre, les plaidoyers de Jean Jaurès et Aristide Briand,

ministre de la Justice, s'appuient sur la diminution de moitié des homicides sous les présidences Loubet et Fallières. Rien n'y fait. La peine capitale est maintenue par 330 voix contre 201 et les exécutions reprennent en 1909. Soleilland, déporté à Cayenne, mourra en 1920. Il faudra attendre le 30 septembre 1981 pour que soit votée en France l'abolition de la peine capitale.

À voir aussi

La guillotine était entreposée dans un hangar tout proche, propriété du bourreau Deibler, au 60 rue de la Folie - Regnault.

Un livre

• Jean-Marc Berlière, *Le Crime de Soleilland - Les journalistes et l'assassin*, éd. Tallandier, 2003.

À gauche : Albert Soleilland, après son arrestation. À droite : caricature publiée dans Le Progrès Illustré, 7 juillet 1901

PARIS ET DÉPARTEMENTS · 15 CENTIMES

LE DON QUICHOTTE

Rédacteur en Chef : Ch. GILBERT-MARTIN

M. DEIBLER, par GILBERT-MARTIN

Profession bourreau

168 rue de la Roquette

Métro : Voltaire - Léon Blum

Nicolas Roch a onze ans quand son père – descendant d'une famille de bourreaux depuis François Ier – le choisit comme aide. Le 17 juin 1872, il exécute Jean-Baptiste Moreux, assassin d'une prostituée, devant la prison de la Roquette. C'est la 6e exécution effectuée avec le modèle Berger qui sera utilisé jusqu'en 1977. Au grand dam des amateurs de ce spectacle, l'échafaud a été supprimé. Roch meurt d'une crise d'apoplexie le 19 décembre 1878, avec plus de 300 exécutions à son actif.
Louis Antoine Stanislas Deibler, né en 1823 à Dijon, reste le plus célèbre bourreau français, troisième dans la profession en France métropolitaine. Formé par son père, par Jean-François Heidenreich puis Nicolas Roch, Louis exécute le 19 mai 1879 son premier condamné. En 1894, ce catholique pratiquant doit décapiter un prêtre assassin. Le 5 février de la même année, il exécute l'anarchiste Auguste Vaillant devant la prison de la Grande Roquette. Mais, ne supportant plus la vue du sang depuis plusieurs mois, Deibler démissionne le 28 décembre 1898 et mourra le 6 septembre 1904 après avoir fait tomber plus de 400 têtes. Son fils Anatole lui succéda.

Une phrase

« Ah mon fils, que voilà de jolies étrennes ! »
Deibler à l'annonce de la promotion de son fils.

À voir aussi

À deux pas de la place de la Bastille, les cours du passage du Cheval-Blanc, entrepôt de bois au XVIIe siècle.

La petite et la grande
À partir de 1830, les jeunes condamnés sont détenus à la Petite Roquette. Six ans plus tard, les condamnés à mort et les prisonniers destinés au bagne occupent la Grande Roquette qui sera une prison pour femmes de 1920 à 1974, date de sa fermeture.

Caricature de Louis Deibler parue dans Don Quichotte, 17 juillet 1892

80
L'Eclair
Le Gaulois

Encore une affaire de malle qui fait mal

11, Passage Charles-Dallery

Métro : Voltaire - Léon Blum

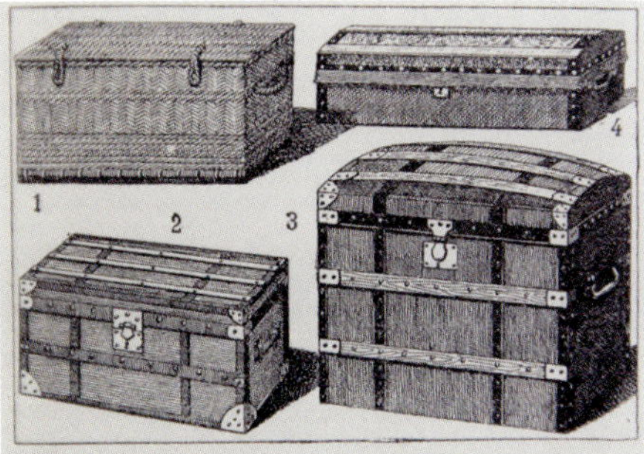

MALLES : 1. D'osier; 2. Plate dite malle-poste; 3. Chapelière; 4. Longue ancienne.

Le mercredi 15 septembre 1897, M. Dingo, qui contrairement à ce que son patronyme laisserait augurer ne l'est pas, se rend au commissariat de police de son quartier. Le fabricant de fourneaux à essence informe les autorités qu'il vient de faire à son domicile du passage Charles-Dallery une macabre découverte. Il a fait ouvrir par une de ses bonnes une malle qui a appartenu à une certaine Vitaline-Louise Lebreton, âgée de vingt-et-un ans. Elle était à son service mais il s'en est séparé voilà une année. Elle lui avait laissé sa malle en dépôt mais n'est jamais venue la reprendre. Le commissaire accompagne M. Dingo chez lui et ne tarde pas à faire appel à un médecin. En effet, ladite malle contient le cadavre d'un enfant de sexe masculin qui a été tué aussitôt après sa naissance. La tête est séparée du tronc. L'ensemble est desséché. Vitaline-Louise est aussitôt recherchée. On ignore si elle fut retrouvée.

À voir aussi

Le passage offre une belle vue sur l'hôtel de Mortagne, construit en 1661 au 51-53 rue de Charonne par Pierre Delisle-Mansart, neveu de François Mansart. Diderot y aurait situé certaines scènes de son roman *La Religieuse* (1754). Louis XVI y établit « le cabinet des mécaniques du roi », un musée industriel ouvert au public, ancêtre du musée des Arts et Métiers.
Au 78 rue de Charonne, une belle maison à pignon et pans de bois du XVIIe siècle, inscrite à l'inventaire supplémentaire des Monuments historiques. Celle qui lui fait face, au n° 69, date du XVIIIe siècle.

À gauche : crieurs de journaux parisiens vers 1900, gravure en couleurs.
À droite : illustration du Dictionnaire encyclopédique Larousse, 1928

Par an 4 francs, Journal des Conn
ubiles.
COMMERCE de VINS.
PAUL
Fab.t
PERINET, ES
COMMERCE DE VINS

Au bonheur du crime

Boulevard du Temple

Métro : République

Au XIXe siècle, le sang coulait à gros bouillons sur le boulevard du Crime. Mais assassins et victimes quittaient ensemble la scène à la fin du spectacle !
Le boulevard du Temple devait son surnom aux théâtres qui réjouissaient chaque soir près de 10 000 personnes avec des mélodrames forts en hémoglobine factice. Le comédien Tautin a été poignardé 16 300 fois et son collègue Marti a survécu à 11 000 empoisonnements. Mademoiselle Dupuis a été enlevée ou noyée 75 000 fois et mademoiselle Olivier a bu 16 000 fois dans la coupe du meurtre et de la vengeance...
Mais la rénovation du quartier par le baron Haussmann baissa définitivement le rideau de ces paradis du frisson et du rire, en 1862, pour permettre la construction de la place de la République. Un seul survivant de cette belle et grande époque : le théâtre Déjazet.

Une phrase

"La seule promenade qu'à du prix, la seule dont je suis épris, la seule où j'm'en donne, où je ris c'est l'boulevard du Temple à Paris !"
Publicité sur le boulevard du Crime

À voir aussi

La place de la République. À l'emplacement de la caserne de la Garde républicaine, bâtie en 1854, s'élevait le diorama où Daguerre donnait des projections de 15 min.
La statue au centre de la place est coiffée du bonnet phrygien, symbole de la liberté. Elle est entourée de figures représentant l'égalité, la fraternité et 12 épisodes de l'histoire de la République française.

UN FILM

- *Les Enfants du Paradis* de Marcel Carné, 1946, où Arletty déclare : « Paris est tout petit pour ceux qui, comme nous, s'aiment d'un si grand amour ! »

Petits commerces au 80 boulevard du Temple (gravure du XIXe siècle)

Papavoine, le double meurtrier sans mobile

Bois de Vincennes

Métro : Porte Dorée ou Porte de Charenton

Le dimanche 10 octobre 1824, deux garçons de 6 et 7 ans jouent dans le Bois sous la surveillance de leur mère. Soudain, un homme se précipite sur eux et il les blesse mortellement, d'un coup de couteau à la tête. Grâce au signalement fourni par des témoins, il est rapidement arrêté sur l'allée des Minimes. Auguste Papavoine, fils d'un drapier fortuné dont l'entreprise est en difficulté, était venu à Paris pour trouver une solution à ses problèmes. C'est au terme d'une errance de quatre jours qu'il a massacré les deux enfants. Il reconnait les faits, mais il prétend s'être trompé de cible : il voulait éliminer les Enfants de France parce qu'un entretien avec les princesses, filles du roi Charles X, lui avait été refusé. Le 25 février 1825, l'étrange Papavoine comparaît aux Assises. Est-il fou ? Les témoignages sont contradictoires. En prison, il met le feu à son matelas pour le débarrasser de ses puces et il porte un coup de couteau à un détenu. Il prétendra qu'il s'agissait d'un orléaniste... Papavoine a-t-il prémédité son geste ? Le matin même il avait acheté un couteau, le plus gros modèle d'une série de douze qu'il avait payé plus cher que la série complète. Papavoine est condamné à mort le 26 février 1825 et guillotiné un mois plus tard en place de Grève.

À voir aussi

Le bois de Vincennes, près de 10 km^2, le plus grand espace vert parisien, a été aménagé à la demande de Napoléon III pour fournir « un vaste parc aux populations laborieuses de l'Est parisien ». Sur le lac Daumesnil, le visiteur peut accéder par des ponts aux îles de Reuilly et de Bercy. En 1976, Pierre Schoendoerffer a tourné Le Crabe-Tambour dans le Fort de Vincennes, situé dans la partie nord du bois.

L'étrange Auguste Papavoine

À la Bastille !

Place de la Bastille

Métro : Bastille

La forteresse, édifiée pour défendre la porte Saint-Antoine et les remparts de l'est de Paris et pour protéger le roi en cas de révolte des Parisiens, se dressait sur un périmètre mitoyen de l'actuelle place de la Bastille. À la fois château et arsenal, elle sécurisait la route qui rejoignait la résidence royale du château de Vincennes. Bâtie sous le règne de Charles V, entre 1370 et 1383, entourée d'un fossé profond de 8 m, elle comporta d'abord quatre tours puis huit. Richelieu en fit une prison d'état que l'on rejoignait sans jugement, condamné par une lettre de cachet. Prévue pour 45 prisonniers, confortable pour les personnes fortunées, la Bastille était lugubre et mortifère pour les prisonniers de droit commun qui croupissaient dans les cachots et les oubliettes. Le plus célèbre de ses hôtes demeure le Masque de fer dont Voltaire a soutenu qu'il était le frère jumeau de Louis XIV. Latude y resta emprisonné durant 28 ans pour avoir tenté de faire chanter la marquise de Pompadour et pour lui avoir envoyé un colis explosif. Le marquis de Sade y fomenta une révolution qui échoua le 2 juillet 1789, avant d'être transféré le 4 à Charenton.
Prise d'assaut par le peuple de Paris, le 14 juillet 1789, elle fut entièrement détruite dès le lendemain.

À voir aussi

Sur la place, une ligne de pavés de couleur beige marque l'emplacement de la forteresse.
Les restes de la tour de la Liberté déposés, en 1899, square Henri-Galli, 9 boulevard Henri IV (4e arrondissement).
Une plaque située à l'angle de la rue Saint-Antoine et de la rue Jacques-Cœur et une autre située au n° 3 de la place où se dressait la tour du Trésor.
L'Opéra Bastille, de l'architecte Carlos Ott, inauguré en 1989.

Restes de la tour de la Liberté, square Henri Galli et plaque au n° 3 de la place

DE FUMER
AVIS

La petite bergère d'Ivry

Rue Croulebarbe

Métro : Gobelins

Le 24 mai 1827, Aimée Millot, une orpheline de 19 ans, amène d'Ivry les chèvres de madame Detrouville paître sous les ormes de la plaine des Gobelins que traverse la Bièvre. Honoré d'Ulbach vient conter fleurette à la bergère sur le tracé de l'actuelle rue Croulebarbe. Mais la patronne d'Aimée veille sur sa vertu : elle rend ses cadeaux – un fichu, deux oranges et une bouteille de cassis – et reprend ses sages lectures.

Le lendemain, Honoré achète un couteau chez un brocanteur de la rue Descartes. Puis il attend la jeune fille sur le champ de l'Alouette. Aimée le repousse. Honoré frappe cinq fois. Fou de douleur, il se réfugie dans un garni près du Palais-Royal. Alors que la police piétine, il se livre : « C'est moi qui ai fait l'assassin ! » La veille de son crime, Honoré avait écrit à madame Detrouville : « Femme acariâtre, vous mettez entrave à notre félicité. Songez à bien faire ce que je vous prescris de faire : je vous envoie cinq francs, rendez-vous de suite à l'église d'Ivry et faites-lui dire une messe en l'honneur de ses malheurs et des miens. » Le 10 septembre 1827, Honoré Ulbach monta sur l'échafaud.

Témoin de l'exécution, Victor Hugo entreprit aussitôt la rédaction de son réquisitoire contre la peine de mort : *Le dernier jour d'un condamné.*

Une phrase

Victor Hugo, Les Misérables

« Marius, vaguement frappé du charme presque sauvage du lieu, demanda à ce passant :
– Comment se nomme cet endroit-ci ? Le passant répondit :
– C'est le champ de l'Alouette. Et il ajouta : – C'est ici qu'Ulbach a tué la bergère d'Ivry. »

À voir aussi

Le square René - Le Gall dont l'entrée principale se situe sur la place de la Bergère - d'Ivry.

Vestiges de l'hôtel de la reine Blanche (XVIe siècle), 17 rue des Gobelins

détective
M. BILL
CYNIQUE
TRICHEUR
a brûlé
DOMINIQUE
LA
DRAGUEUSE
POUR AFFIRMER
SA PERSONNALITÉ
N° 676 - 12 JUIN 1959
60 francs
VOUS LIREZ
AUSSI
La catastrophe de la "Taille D"
MARCEL CERDAN SUCCÈDE A MARCEL CERDAN

Monsieur Bill et les filles

65 rue Pascal

Métro : Gobelins

Georges Rapin, né le 30 mai 1936, a connu une enfance perturbée entre un père exigeant et une mère mal remise de la disparition d'un premier-né décédé au berceau. Féru de polars et de films de gangsters, ce fils de bourgeois en échec n'a qu'un rêve : devenir un vrai dur. Il se déguise en mafieux, prend l'accent corse, se fait appeler M. Bill et devient la risée de tout Pigalle.
Sa maman lui achète des bars : Aux Gobelins, 92 boulevard Saint-Marcel, puis le Bill's Bar, 65 rue Pascal, puis le Porto.
Il éblouit Nadine, une apprentie coiffeuse, dont les parents le croient professeur au lycée Buffon. Mais désireux d'affirmer son image de dur, il complète sa panoplie en devenant souteneur. Sa gagneuse se moque de lui, alors le 29 mai 1959, il lui tire dessus dans la forêt de Fontainebleau et met le feu à son corps alors qu'elle n'est pas encore morte.
Dénoncé par les vrais durs de Pigalle qui l'ont toujours pris pour un cave, arrêté, emprisonné, il avoue d'autres meurtres : celui de Muguette Thiriel, dite Dominique, celui d'un pompiste de Villejuif, commis le 5 avril 1958, et d'autres dont il se vante probablement. Condamné à mort le 31 mars 1960, il est guillotiné le 26 juillet dans la cour de la prison de la Santé.

Une phrase

« M. Bill désirait gravir les marches de la gloire. Georges Rapin dut se contenter de descendre celles de la prison. »
Magazine Détective, 17 juillet 1959

À voir aussi

Au 42 avenue des Gobelins, la manufacture des Gobelins, créée en avril 1601 sous l'impulsion d'Henri IV. On y tisse toujours des tapisseries pour décorer des édifices publics.

UN LIVRE

- Alphonse Boudard, *M. Bill ou à combien Pigalle revient aux fils de famille*, in *Les grands criminels*, éd. Le pré aux clercs, 1989

Couverture du magazine Détective, 12 juin 1959

Plongeon final

Pont d'Austerlitz

Métro : Gare d'Austerlitz

Marie-Louise Bouquiaux élève seule ses neuf enfants depuis que son mari Émile, monteur en installations laitières, a disparu un triste jour de 1948.
Un beau jour de 1957, un individu quelque peu agité se rend au commissariat de Ménilmontant et fait des révélations pour le moins stupéfiantes sur la disparition de Bouquiaux. Enquête est diligentée ; la veuve avoue ; l'agité n'a rien inventé. Marie-Louise accuse le Front Populaire et Léon Blum, responsables des loisirs qui ont offert à son époux du temps libre, et de fait, des idylles...
Elle a donc planté une lame de couteau dans le cœur de l'infidèle puis elle a découpé le cadavre. Les morceaux ont été rangés dans une valise placée dans la poussette du dernier-né et jetés dans la Seine aux environs du pont d'Austerlitz.
La brigade fluviale drague la Seine en vain. Pas de cadavre, pas de crime. Mais Marie-Louise se récrie ! Elle avait conservé la tête de son défunt dans un papier sur la cheminée, et, le dimanche suivant, le dépeçage avait été l'enterrer à proximité du caveau familial, à Thiais. C'était plus convenable ainsi, confiera cette ménagère somme toute amoureuse de l'ordre et de la méthode aux policiers médusés.

À voir aussi

Le jardin des Plantes, ouvert au public du lever au coucher du soleil, pour la galerie de l'évolution, la ménagerie, les grandes serres, le jardin alpin et la roseraie. Créé en 1635, le jardin du Roi a pris son nom actuel sous la Révolution.

Méthode et minutie

Le célèbre docteur Charles Paul reconstituera le puzzle : la tête sera retrouvée à Thiais. Les morceaux du cadavre avaient été repêchés et conservés mais n'avaient pas été identifiés avant les confidences de la dépeceuse.

Serre du Jardin des Plantes construite en 1834 par Charles Rohault de Fleury

En souvenir du docteur Paul

Quai de la Rapée
Métro : Quai de la Rapée

Le docteur Charles Paul, né à Boulogne-sur-mer le 24 mars 1879 et mort en 1960, est sans doute le médecin légiste le plus célèbre de France. Facétieux et apprécié des journalistes, Charles Paul vient souvent au palais de justice et tout au long de son sacerdoce, sa contribution est souvent déterminante dans des procès fameux. Expert consciencieux et redoutable, il ira jusqu'à brûler des têtes de mouton dans une cuisinière semblable à celle de Landru pour soutenir son argumentation lors du procès. La science et les techniques médico-légales ont évolué mais les experts du quai de la Rapée ne l'ont certainement pas oublié ! Personnage romanesque par excellence, le célèbre légiste était également réputé pour être... un très bon vivant. Plusieurs établissements parisiens fameux vantaient son coup de fourchette. Le restaurant Lapérouse, situé entre le domicile du praticien et le palais de justice, avait même élaboré un plat en son honneur : « Le Poulet docteur », il s'agit d'un poulet braisé au porto rouge et jus de veau, parfumé à l'estragon, de quoi faire oublier le morbide et le macabre ...

Une phrase
« De toute façon, ici, les clients ne se plaignent jamais ! » Charles Paul

À voir aussi
L'Institut médico-légal est visible depuis le quai d'Austerlitz. Érigé en 1914, le bâtiment a remplacé la morgue qui, au XIXe siècle, était installée dans les locaux de la préfecture de Police puis derrière la cathédrale Notre-Dame. Les curieux s'y pressaient répondant à l'appel à témoins des enquêteurs pour identifier les cadavres !

Palmarès
Le docteur Charles Paul a pratiqué 159 000 autopsies parmi lesquelles celles de Bonnot, Valet, Garnier et Dubois, membres de sa bande. Jean Jaurès, le président Doumer, les victimes de Landru ainsi que les corps retrouvés chez Petiot ont été également analysés par ses soins.

UN LIVRE
- Michel Gastine, *Quai de la Rapée*, éd. Fayard, 1994

Charles Paul en 1914, devant le palais de justice de Paris

PLACE
DE L'ABBÉ
GEORGES HÉNOCQUE

Qui a éliminé Pierre Goldman ?

Place de l'abbé Georges-Hénocque

Métro : Tolbiac

Sous les apparences d'un règlement de comptes, se cache une affaire politique guidée à l'évidence par la raison d'État.
Le 20 septembre 1979, place Georges-Hénocque, Pierre Goldman est tué à bout portant d'une balle de revolver. La revendication adressée à l'AFP est signée « Honneur de la police », une organisation d'extrême-droite inconnue. Pourquoi fallait-il éliminer Goldman ? Ancien militant des Jeunesses Communistes, ce fils de Résistants lyonnais avait participé à la lutte anti-impérialiste en Amérique Latine à la fin des années 1960. De retour en France, il avait adhéré à la cause de l'ETA basque et commis plusieurs hold-up. Accusé du meurtre de deux pharmaciennes lors du braquage de leur officine, Goldman est d'abord condamné à perpétuité puis acquitté au terme de deux procès en 1974 et d'une campagne de soutien des milieux de gauche. Sa participation à trois braquages antérieurs lui vaut 12 ans de réclusion criminelle. Par le jeu des remises de peine, il est rapidement libéré.
Plus de 27 000 personnes assistent à son enterrement au Père-Lachaise. Ses assassins n'ont pas été retrouvés malgré les diverses pistes évoquées : un groupe de policiers hostiles à sa libération, les services secrets français, un groupe para-militaire anti-ETA...

Une phrase

« Il n'est quand même pas normal que sur le sol français, un type acquitté avec grande bienveillance, se permette de gêner nos relations diplomatiques. »
Robert Pandraud, Directeur de la police de l'époque.

À voir aussi

La place Georges-Hénocque est bordée de jolis pavillons, construits au début du XXe siècle, à l'initiative de la section parisienne de l'Association fraternelle des employés et ouvriers des chemins de fer français.

Sur la paisible place de l'abbé Georges-Hénocque, aumônier et Résistant

HOTEL CONCORD

La mélodie du malheur

1 rue Vercingétorix

Métro : Plaisance

Représentant de commerce en savons et parfums, Charles Clément voyage beaucoup. Mais sa vie privée le conduit à privilégier un itinéraire bien parisien, entre le domicile conjugal de la rue Vercingétorix et l'avenue de la République où réside Félicie Crippa, sa maîtresse. Une double vie comme les aiment les auteurs de vaudeville qui, eux, imaginent des dénouements légers.
Suzanne, l'épouse trahie, doit se contenter de longues heures au piano pour oublier son infortune. Et c'est le silence qui alerte les voisins au printemps 1955.
Interrogé avec courtoisie, Charles Clément explique que sa femme, d'une santé délicate, fait un séjour salutaire dans le Lot.
En décembre, des morceaux de corps humain noyés dans du plâtre sont découverts dans une décharge à Bièvres. La finesse des mains de la victime oriente les recherches de la police qui établit la culpabilité de Clément. Mais le plus étonnant est à venir. En janvier 1958, la presse révèle le suicide d'un certain Charles Crippa, trouvé mort auprès du corps dépecé de son épouse Félicie qui gît dans la baignoire.

À voir aussi

Au n° 3 de la rue Vercingétorix, ont travaillé plusieurs peintres dont Le Douanier-Rousseau dans les années 1890.
La place de Catalogne et la place de Séoul, de l'architecte espagnol Ricardo Bofill auquel on doit également la place du Marché Saint-Honoré dans le 1er arrondissement.

Usurpation d'identité ?
Le quartier Plaisance cache bien son jeu. Il doit son nom aux élégantes demeures construites entre 1858 et 1860. Mais, au fil des années, l'ancien parc du château du Maine qui leur servait d'écrin devint l'un des îlots les plus insalubres de la capitale. La Compagnie générale des Omnibus acquiert le terrain et fait raser le château pour y installer ses garages.

La tour Eiffel vue de la place de Catalogne

Le fiacre de l'enfer

Passage de l'Enfer

Métro : Raspail

Le 16 septembre 1855, M. Juge, directeur de l'école primaire de Douai, est en villégiature à Paris avec son épouse. Place de la Concorde, il hèle un fiacre pour se rendre au Bois de Boulogne. Le couple parvenu à destination, une contestation s'élève, le cocher Collignon réclamant, selon son client, un prix excessif. M. Juge capitule mais avertit le cocher qu'il note son numéro pour en référer à la préfecture de police.

Le 22 septembre, Collignon est convoqué à la fourrière. Après lui avoir lu une lettre du plaignant, le contrôleur conseille au cocher de se rendre passage de l'Enfer, au domicile du plaignant, de lui remettre deux francs puis de lui rapporter son désistement ou une quittance.

Le 24 septembre, Collignon obtempère. Tandis que le directeur d'école rédige son reçu, le cocher sort un pistolet et l'abat d'une balle dans la tempe. Il tente ensuite de tuer sa femme mais la manque et dévale les escaliers en criant : « Je suis vengé ». Un locataire ferme à clé la porte du rez-de-chaussée et voilà le cocher pris au piège. Condamné à mort, Collignon est exécuté le 6 décembre.

À voir aussi

Cette paisible rue pour ses beaux pavés et le souvenir de l'effroi que suscitait au Moyen Âge le bois mal famé qui occupait les lieux.

Témoin de qualité

Tandis que les habitants de l'immeuble intiment au cocher l'ordre de ne pas fuir, il leur rétorque qu'il a voulu « faire entendre sa voix » à une époque où « l'ouvrier est sacrifié ». Un locataire écoute avec attention. Cet homme qui aime à dire que « la propriété, c'est le vol» n'est autre que Joseph Proudhon…

UN LIVRE

- Didier Daeninckx, *Passage d'Enfer* (nouvelles), éd. Denoël, 1998

L'avenue du Bois vers 1900

POLICE MAGAZINE

SEZNEC EST INNOCENT

Guillaume Seznec et la camionnette bleue

Boulevard de Port-Royal

Métro : Port-Royal

Le 25 mai 1923, Guillaume Seznec et son ami Pierre Quemaneur quittent Morlaix pour Paris pour livrer une voiture qui tombe en panne. Seznec revient seul et affirme avoir déposé son ami à la gare de Houdan (Yvelines). On ne reverra plus jamais Quemaneur.

Quelques jours plus tard, les policiers découvrent au Havre une valise contenant la promesse de vente du manoir du conseiller général du Finistère. Seznec est aussitôt accusé d'être l'auteur du document, d'avoir imité la signature de son ami et de l'avoir fait disparaître.

Le 4 novembre 1924, il est condamné aux travaux forcés à perpétuité pour crime avec circonstances aggravantes. Gracié en 1948, Seznec rentre du bagne de Cayenne et vient vivre chez sa fille Jeanne qui a épousé François Le Herr, son principal témoin à décharge, qu'elle abat de trois balles de revolver le 3 octobre 1948. Le 14 novembre 1953, boulevard de Port-Royal, Seznec est mystérieusement renversé par une camionnette dont le chauffeur prend la fuite. Il meurt le 13 février. Robert Badinter dépose plainte pour assassinat. Depuis, Denis, le petit-fils de Seznec, se bat pour obtenir la vérité sur l'affaire.

Une phrase

« Il n'y a que les coupables qui demandent pardon.»
Guillaume Seznec refusant sa grâce en 1933.

À voir aussi

L'église du Val-de-Grâce, de style baroque français, construite par François Mansart à la demande d'Anne d'Autriche, veuve de Louis XIII.

Au bénéfice du doute

Le 23 juillet 1989, l'Assemblée nationale vote à l'unanimité la loi Seznec : la révision d'un procès peut intervenir quand des faits sont de nature à faire naître un doute sur la culpabilité d'un mis en cause et non plus quand ils prouvent son innocence.

Couverture du magazine du 8 mai 1932

La prison de la Santé

42 rue de la Santé

Métro : Saint-Jacques

Sur l'emplacement d'un marché aux charbons, il y eut d'abord une maison de santé, construite sur ordre d'Anne d'Autriche et transférée en 1651 au centre hospitalier Sainte-Anne, puis un couvent, transformé en prison à la Révolution. La maison d'arrêt de la Santé, dite « la Santé », a été construite entre 1861 et 1867 sur les plans de l'architecte Émile Vaudremer. Grâce au percement du boulevard Sébastopol – bientôt rebaptisé Saint-Michel dans sa partie sud – on gagnait aisément l'établissement pénitentiaire depuis la préfecture de police, le palais de justice et la caserne de Lourcine.
De forme trapézoïdale, la maison d'arrêt se compose de cinq bâtiments reliés à un noyau central ; c'est le dernier établissement carcéral intra muros de Paris. La liste des personnalités qui y ont séjourné est longue. Mais certains s'en évadent : en 1927, Léon Daudet, le fils d'Alphonse, l'auteur de *Lettres de mon moulin* ; Jacques Mesrine, François Besse et Michel Vaujour en 1978. Aux abords de la Santé, à l'angle du boulevard Arago, se dressait la guillotine. Au nombre de ceux qui y perdirent la vie, des Résistants et des combattants du FLN. Mais aussi Marcel Petiot en 1946, Jacques Fesch en 1956, Georges Rapin alias Monsieur Bill, en 1960. Buffet et Bontens furent les derniers condamnés exécutés en 1972.

À voir aussi

La plaque commémorant la mémoire des 18 Résistants exécutés en 1941, 1942 et 1944, apposée sur le mur de la prison, à l'angle des rues Jean-Dolent et de la Santé.

UN FILM
- *Le trou*, Jacques Becker, 1960, sur un scénario de José Giovanni.

La guillotine alias « la veuve », gravure du Petit Journal

Mademoiselle Yacinthe n'a pas de rancune

Rue de Vaugirard

Métro : Vaugirard

On ne rit pas souvent aux Assises. Mais le 19 septembre 1844, les échanges entre l'accusée Yacinthe Delplanque et le président du tribunal déclenche l'hilarité du public. L'affaire est pourtant des plus sérieuses : la demoiselle qui vit de ses charmes dans le village de Vaugirard, a suriné son souteneur, le dénommé Dugatel. Un triste sire qui la battait quand elle ne lui rapportait pas assez pour étancher sa soif. Yacinthe comprenait, Yacinthe excusait... « J'ai jamais porté plainte. J'l'aimais trop ! ».
Aux jurés elle explique qu'elle a bien essayé de se soustraire à l'emprise du dos vert mais elle est toujours revenue. Jusqu'à ce dimanche maudit où, ivre comme lui, elle retourne contre Dugatel le couteau avec lequel, une nouvelle fois, il entend la punir après l'avoir bourrée de coups de pied. Une scène ordinaire mais une scène de trop. La Delplanque n'en pouvait plus et, écartant son châle pour ouvrir son corsage, elle assortit son discours de preuves irréfutables : les cicatrices des coups de couteau de son tortionnaire bien aimé.
La sentence tombe : Yacinthe Delplanque est acquittée.
On ignore si la clémence de la Justice la conduisit à changer de métier.

Une phrase

« Un p'tit verre, Monsieur le Président, ça ne se refuse jamais ! » Mademoiselle Yacinthe

À voir aussi

Au 279 de la rue s'ouvre le square Vergennes. L'immeuble du 15 – atelier du maître-verrier Barillet – est l'œuvre de l'architecte Robert Mallet-Stevens (1886-1945).

Record
La plus longue rue de Paris – 4,3 km – rappelle l'ancien village de Vaugirard qui comptait près de 10 000 habitants au milieu du XIXe siècle. Il a été rattaché à la capitale en 1860, en même temps que les communes de Grenelle, Belleville et La Villette.

Gravure du livre Les auberges sanglantes, Fayard, 1890

MMERCE DE VINS DE L. THO

Ivresse meurtrière

Boulevard de Vaugirard

Métro : Montparnasse

Après une honnête carrière d'employé des Pompes Funèbres, Antoine Couturier s'est établi marchand de vin boulevard de Vaugirard. Il a 60 ans, une épouse soumise et un goût prononcé pour... la boisson.

Le 11 décembre 1872, en état d'ébriété avancé, il tue sa femme d'un coup de hache. Quand le président du tribunal l'interroge sur le motif de son geste, il répond tout de go, manifestement convaincu : « Elle avait osé me résister ! ».

Le jour de son exécution, le 24 mai 1873, Antoine Couturier est réveillé à quatre heures du matin par un prêtre :

«- Mon ami, il faut vous résigner...

- Je me tiendrai bien, allez, monsieur l'aumônier ; je ne suis pas de ceux qui flanchent. »

À voir aussi

Le musée de la Poste est installé au 34 boulevard de Vaugirard depuis 1973. Ses très belles collections – affiches, timbres, uniformes, voitures anciennes – retracent bien sûr l'histoire de l'acheminement du courrier mais aussi celle de la vie quotidienne en France depuis la fin du Moyen Âge.

Quand trop boire nuit à la vie

La lecture des comptes-rendus des procès d'assises dans les quotidiens de province, tels que le Bien Public (Côte-d'Or) ou le Journal de Saône-et-Loire est révélatrice d'un état de fait consternant : le samedi soir et le dimanche toute la journée, notamment dans les zones rurales, les hommes avaient une fréquentation assidue des débits de boisson et une forte consommation d'alcool. D'où un grand nombre d'altercations aux issues souvent tragiques et des condamnations pour « coups et blessures ayant entraîné la mort sans intention de la donner. »

UN LIVRE

- *L'Assommoir*, d'Émile Zola, le septième volume des Rougon Macquart, publié en 1876, trois ans après cette affaire. Coupeau, l'ouvrier zingueur qui sombre dans l'alcoolisme et la violence après un accident, appartient à l'évidence au même monde tragique qu'Antoine Couturier.

Commerce de vins et liqueurs, gravure de 1878

LE TOURISTE

Un meurtre à 2 francs 50

145 boulevard de Grenelle

Métro : La Motte-Piquet

La veuve Ballerich, propriétaire de deux immeubles de rapport et mère de deux policiers, a tout pour être heureuse. Mais un cauchemar la hante : elle mourra assassinée par des cambrioleurs.
Adolphe Tiburce Gamahut, après avoir été moine, s'est fait lutteur de foire. Le 27 novembre 1884, avec quatre complices, il assomme à coups de bouteille et égorge Madame Ballerich chez elle, boulevard de Grenelle, et lui vole 2 francs 50. Il est guillotiné à la prison de la Roquette, le 24 avril 1885, à l'âge de 25 ans.

Histoire en sous-sol
Dans un couloir de la station de métro La Motte-Piquet, une fresque représente la barrière de la Cunette, une des portes du mur des Fermiers Généraux. Les lignes du métro (n° 2 au nord) et (n° 6 au sud) suivent son tracé que ponctuaient 61 portes ou barrières d'octroi. C'est l'architecte Claude-Nicolas Ledoux qui conçut les bâtiments de perception. .

Gamahut, la terreur de Grenelle
« Gamahut, obéissez donc !
Placez votre cou bien dessous le mouton.
Non, monsieur, je n'obéirai pas !
J'crains les coupures, j'suis tendre com'une fève.
Non, monsieur, je n'obéirai pas !
Bougre d'abruti, vous me coupez trop bas ! »
chanson de Jules Jouy, qui l'interprétait au cabaret du Chat Noir

Le village de Grenelle
Incorporé à Paris en 1860, il était réputé pour ses vignes, ses guinguettes et ses carrières de pierres situées à proximité de Montrouge. Elles furent utilisées pour la construction des Tuileries, du palais du Luxembourg, de l'église Saint-Sulpice et de l'École militaire.

Le métro aérien près de la station La Motte-Piquet vers 1900

15

La révolution Bertillon

Rue Alphonse Bertillon
Métro : Plaisance

Entré à la préfecture de police comme simple commis aux écritures, Alphonse Bertillon fonde en 1870 le premier laboratoire d'identification criminelle et, en 1882, l'anthropométrie judiciaire. Le « bertillonnage » repose sur les quatorze mensurations – taille, mains, pieds, oreilles, nez, yeux... – qui distinguent un individu de 286 millions d'autres personnes.
Un matériel spécialisé – table, tabouret, toise, compas de proportion – est dès lors utilisé par les services de police. Cette technique complète la prise des empreintes digitales que Bertillon a toujours critiquée. On lui doit aussi l'invention de la photographie anthropométrique qui permet l'arrestation de Ravachol en 1892.
Deux ans après sa mort, en 1893, naît le laboratoire de l'Identité judiciaire qui utilise sa méthode pour identifier les malades mentaux trouvés sur la voie publique, les morts et bientôt toutes les personnes fichées.

Une phrase
« À un esprit féru de précision scientifique, l'œuvre de M. Bertillon apparaît sans rivale. »
Arthur Conan Doyle, *Le Chien des Baskerville*, 1902.

À voir aussi
Le parc Georges-Brassens, au 2 place Jacques-Marette, à l'emplacement du marché aux chevaux de Vaugirard. Pour les vestiges des anciens abattoirs de Vaugirard et la vigne toujours exploitée. Le théâtre Sylvia Monfort est installé en bordure du parc.
Au 36 rue Guilleminot, dans le 14e arrondissement tout proche, l'église Notre-Dame du Travail remarquable par son armature métallique inspirée d'Eiffel et sa charpente en poutrelles apparentes.

UN LIVRE
- Pierre Piazza (dir.), *Aux origines de la police scientifique. Alphonse Bertillon, précurseur de la science du crime*, éd. Karthala, 2011

Les ruches du parc Georges Brassens, ouvert en 1982.

L'énigmatique Pauline Dubuisson

25 rue de la Croix-Nivert

Métro : Commerce

Le 17 mars 1951, Pauline Dubuisson attend Félix Bailly devant son hôtel de la rue de la Croix-Nivert. Dès qu'il apparaît, elle l'abat de deux balles de revolver. Puis elle tente de se suicider, mais l'arme s'enraie.

Félix est son ex-fiancé qu'elle n'a pas revu depuis 18 mois. Ils s'étaient rencontrés en 1947, à Lille où ils faisaient leurs études de médecine. Félix souhaitait l'épouser mais elle avait décliné l'offre et le jeune homme venait de lui annoncer son mariage...

Pauline a-t-elle agi par jalousie ? Par désespoir ? Par orgueil ? Avait-elle vraiment l'intention de se supprimer après avoir tué son ex-fiancé ? Une certitude : sa jeunesse est trouble ; née en 1927 dans une famille bourgeoise, Pauline est exclue de l'école à 14 ans pour avoir été vue au bras d'un marin allemand dans un square de Dunkerque.

À la Libération, tondue, dévêtue, couverte de croix gammées sur la place publique de Dunkerque, elle aurait subi un viol collectif au Q.G. des épurateurs, avant d'être sauvée de justesse du peloton d'exécution.

Condamnée à perpétuité le 20 novembre 1953, libérée pour bonne conduite en 1959, elle se déclare choquée par « *La Vérité* », le film que Clouzot tire de son histoire. Elle part pour Mogador, au Maroc, où elle travaille comme institutrice. Sur le point d'épouser un ingénieur, son passé la rattrape à nouveau : découvrant son parcours, il l'abandonne. Elle se suicide le 22 septembre 1963.

UN FILM

- *La Vérité*, Henri-Georges Clouzot, 1960, avec Brigitte Bardot.

UN LIVRE

- *L'affaire Pauline Dubuisson*, Serge Jacquemard, collection Fleuve Noir, crime story n°3, 1992.

Pauline Dubuisson dans les couloirs de l'instruction en 1951, Archives Détective

Au siège de la Gestapo française

93 rue Lauriston

Métro : Charles De Gaulle – Étoile

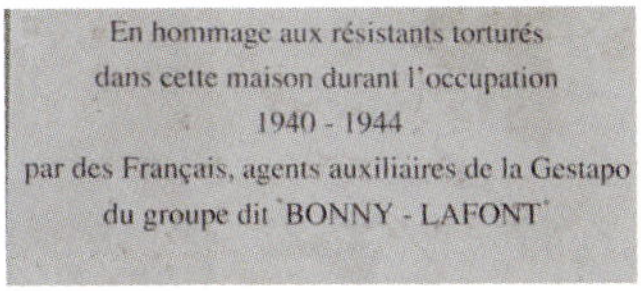

Plus de soixante ans après la Libération, une adresse – 93 rue Lauriston – suffit à raviver le souvenir des crimes perpétrés à Paris par les collaborateurs de l'occupant nazi. À deux pas des locaux de la Gestapo allemande, installée avenue Foch, a sévi ici, entre 1941 et 1944, la vingtaine d'hommes de main de la Gestapo française. Les tortionnaires au service de l'ennemi étaient, pour beaucoup, recrutés dans les bas-fonds du milieu parisien. Leur chef, Henri Louis Chamberlin dit Henri Lafont, ancien garagiste au passé trouble, dira pour sa défense : « Au début, cette histoire d'Allemands ne me plaisait guère. Si les gars d'en face, les Résistants, m'avaient proposé quelque chose, je l'aurais fait. » À ses côtés, Pierre Bonny, un ancien policier révoqué pour escroqueries après avoir joué un rôle déterminant dans les affaires Stavisky, Leprince et Seznec. Tous deux seront condamnés à mort et exécutés le 12 décembre 1944, avec six autres comparses. Pierre Loutrel, dit Pierrot le fou, quant à lui, sentant le vent tourner, tentera d'effacer ses crimes en abattant un officier allemand à Toulouse. Ancien truand, il renouera après la guerre avec le grand banditisme et mourra des suites de ses blessures après s'être tiré une balle dans le ventre lors d'un braquage en 1946.

À voir aussi

La plaque apposée sur la façade rend hommage aux Résistants torturés et assassinés, souvent sur la base de dénonciations, dans cet hôtel particulier surnommé, à l'époque, la Carlingue.

UN LIVRE

• Grégory Auda, *Les belles années du « milieu » 1940-1944 - Le grand banditisme dans la machine répressive allemande en France*, Éditions Michalon, 2002

À gauche : façade ornementée près du siège de la Gestapo française. À droite : plaque commémorative apposée sur l'immeuble 93 rue Lauristona

La maison de Madame Billy

4, rue Paul-Valéry

Métro : Victor-Hugo

De 1941 à 1978, « L'Étoile Kleber » a été une des maisons closes parmi les plus prestigieuses de la capitale. Nombreuses sont les têtes couronnées et les hommes politiques célèbres qui ont défilé dans l'élégant établissement de la rue Paul-Valéry ! Du reste, Mme Billy – à la ville, Marie-Louise Roblot, veuve Soccodato – rappellera fort à propos lors de son procès qu'elle a bien connu « tous les chefs de la Mondaine » et qu'elle mettait aimablement à leur disposition tout un jeu de photographies d'autant plus précieuses qu'elle tenait fidèlement le compte des entrées et des sorties de ses clients comme de ses protégées.

Le 23 février 1981, Mme Billy est condamnée pour proxénétisme hôtelier à 10 mois d'emprisonnement avec sursis, 250 000 francs d'amende et trois ans de privation de droits civiques. Quand ce jugement est prononcé, la bonne dame a atteint l'âge vénérable de 79 ans.

Cette figure emblématique du proxénétisme hôtelier a-t-elle été bien mal récompensée après tant d'années de bons et loyaux services rendus à l'État ? Maître Ceccaldi, son défenseur, s'interroge : est-ce là « le sort que l'État réserve à ses vieux serviteurs ? » La salle d'audience éclate de rire, le président esquisse un sourire et la vieille dame essuie une larme furtive...

Une phrase

« Même après le vote de la Loi Marthe Richard en 1946, je n'ai jamais eu d'ennuis. J'ai exercé mon activité au vu et au su des autorités. Je donnais des renseignements à la police. »

Marie-Louise Roblot, dite Madame Billy, s'adressant au président, lors de son procès, le 23 février 1981.

À voir aussi

UN FANTÔME DU MÉTRO PARISIEN !

Ouverte en 1900, l'ancienne station Victor-Hugo ne pouvait accueillir les rames des années 1930 en raison de sa courbure. Mais elle est toujours visible en continuant vers la porte Dauphine.

Mademoiselle X, pensionnaire chez Madame X

Décès avant duel

9, rue d'Auteuil

Métro : Michel-Ange - Auteuil

Victor Noir, de son vrai nom Ivan Salmon, est l'un des deux témoins qu'envoie Pascal Grousset chez le Prince Pierre Napoléon, à son domicile de la rue d'Auteuil, le 10 juillet 1870.
Grousset est le rédacteur en chef du journal La Marseillaise qui a attaqué de manière virulente la famille impériale, et notamment le prince Pierre, neveu de l'empereur.
Avant le duel par lequel Pierre Bonaparte comptait laver l'affront qui lui avait été fait, contrairement à l'usage, une scène confuse d'une rare violence éclate rue d'Auteuil. Avec sa canne, Victor Noir en vient à frapper le prince au visage. Le prince réplique en faisant feu ; Victor Noir s'écroule, mortellement blessé. À l'annonce de la nouvelle, Louise Michel prend le deuil. Bonaparte va se constituer prisonnier. Les funérailles du journaliste ont lieu le surlendemain. Grandioses et pathétiques, elles donnent lieu à de violentes manifestations contre le régime impérial. Pierre Bonaparte sera acquitté et condamné à verser des dommages et intérêts par la Haute Cour de justice.

À voir aussi

La rue est le cœur du quartier depuis l'époque où Auteuil était un village.
Au 2 : une plaque indique « Ici s'élevait une maison de campagne habitée par Molière vers 1677 »
Au 40 : l'auberge du Mouton Blanc qui reçut Molière, Racine et La Fontaine.
Le gisant de Victor Noir, érigé en 1981 par Jules Dalou, au cimetière du Père-Lachaise.

Des pickpockets au Père-Lachaise

Lors des obsèques, à l'église et au cimetière, les pickpockets étaient souvent très actifs. Ce fut le cas lors des obsèques d'Alphonse Daudet en 1897. Au Père-Lachaise, tandis qu'Émile Zola prononçait son discours, des voleurs, profitant de l'émotion de l'auditoire, dérobèrent leur porte-monnaie à une vingtaine de personnes ; ils avaient déjà sévi lors de la cérémonie à l'église Sainte-Clotilde.

Une allée du Père-Lachaise à l'automne

Dans l'hôtel particulier du docteur Petiot

21 rue Le Sueur
Métro : Victor-Hugo

« Un calorifère où se consumaient de la chair et des ossements humains. Un amas et un sac de quartiers de corps humains ayant macéré dans de la chaux vive. » C'est ce que découvrent les pompiers appelés pour éteindre un feu au 21 rue Le Sueur, le 11 mars 1944. Ils préviennent la police mais le docteur Petiot parvient à s'enfuir. La Gestapo l'arrête, le torture et, faute d'aveux, le libère.
Sous un faux nom, Petiot s'engage dans les Forces Françaises de l'Intérieur. Le 31 octobre 1944, un officier F.F.I le reconnaît sur une photo parue dans la presse. Il est arrêté. Commence alors un procès à grand spectacle de 16 jours. Accusé de 27 meurtres, Petiot en revendique 63, devant trois tonnes et demie de pièces à conviction dont 72 valises ayant appartenu à ses victimes.
Il se faisait passer auprès des Juifs et de tous les candidats à l'exil pour le chef d'une filière d'évasion vers l'Argentine, endormait ses victimes à l'aide d'un « vaccin », les enfermait dans une chambre à gaz, observait leur agonie, brûlait leur cadavre dans de la chaux vive ou dans sa chaudière.
Le 25 mai 1946, Petiot qui, pour sa défense, a tenté de se forger un passé de résistant, est guillotiné dans la cour de la prison de la Santé. Le lendemain, son fils disparaît et la fortune dérobée – estimée à 30 millions d'euros – restera introuvable. L'année suivante, sa veuve épouse un procureur de la République.

La gloire absolue ?
Victor Hugo passa les dernières années de sa vie au n° 124 de l'avenue qui prit son nom de son vivant ! Son courrier lui parvenait ainsi libellé : « À monsieur Victor Hugo, En son avenue, à Paris » ! Un portrait de l'écrivain sculpté par Fonquergne orne la belle façade de l'immeuble actuel.

UN FILM
- *Docteur Petiot,* Christian de Chalonge, 1990, avec Michel Serrault.

Le docteur Petiot lors de son procès

METROPOLITAIN

Un Charolais à Paris

Boulevard de Dixmude

Métro : Porte Maillot

Sous son nom actuel, le boulevard de Dixmude évoque une ville belge célèbre pour sa Résistance à l'invasion allemande en 1914. Mais, au XVIIIe siècle, entre la porte Saint-Denis et le faubourg Saint-Antoine, on l'appelle la route de la Révolte.

Le 22 mai 1750, plus de 2 000 Parisiens, répondant à l'appel d'une mère désespérée, entendent marcher sur Versailles. Cinq jours plus tôt, son fils a été conduit au poste de police pour une incartade et elle a peur. La rumeur accuse le prince de Charolais, cousin éloigné du roi, de faire enlever de jeunes enfants pour utiliser leur sang à des fins cosmétiques.

Le cortège de la colère est rapidement dispersé par la troupe. À titre de représailles, Louis XV décide de priver les Parisiens du spectacle de son passage lors de ses déplacements vers Saint-Denis et Compiègne. Tracée à la demande du roi Louis XV, la route de la Révolte servira désormais à contourner la capitale.

À voir aussi

Le palais des congrès de Paris, construit à partir de 1970 par l'architecte Guillaume Gillet. Lors des travaux de rénovation, en 1998, Christian de Portzamparc a ajouté la façade actuelle en plan incliné.

Curiosité métropolitaine
La première station de métro Porte Maillot a ouvert en 1900. Le terminus était en boucle pour permettre aux trains de repartir en sens inverse. Elle comportait, comme Porte de Vincennes ou Porte Dauphine, deux tunnels de deux voies encadrant un quai central.

Entrée Porte Dauphine.

PRESSE
LE BISTROT DES VIGNES
PMU
LAVERIE
MURAT

Sous l'empire de la passion

30 rue des Dames

Métro : Place Clichy

Stanislas Michel de Gieystor a 24 ans et un goût prononcé pour la philatélie. La fréquentation des marchés aux timbres et des commerces spécialisés crée des liens entre passionnés et le jeune homme fait des rencontres.
Il se lie avec un certain Polak, ingénieur de son état, qui l'invite à découvrir sa collection de petites images dentelées. Stanislas, ébloui, perd la raison et se rend le 2 novembre 1945 au domicile de son nouvel ami dans l'intention de s'emparer de ses plus précieux trésors.
À peine entré dans l'appartement de la rue des Dames, il assomme mortellement la bonne, âgée de 58 ans, d'un coup de marteau, craignant d'être dénoncé. À l'arrivée impromptue de Mme Polak et de son fils, il les assomme à leur tour, les handicapant à vie. Condamné à mort, il est gracié le 22 juillet 1947.

À voir aussi

Cette rue tracée au XVIIe siècle dans l'ancienne commune des Batignolles, sous la forme d'un chemin, conduisait à l'abbaye des Dames-de-Montmartre dont elle tire son nom. Jusqu'en 1988, le Studio des Dames occupait le n° 44. Dalida, Barbara, Johnny Hallyday, Boby Lapointe, Renaud ou Georges Brassens y enregistrèrent des disques.

Rendez-vous

Le roman de Louis-Ferdinand Céline, *Voyage au bout de la nuit*, publié en 1932, débute par la rencontre de Bardamu et de son camarade Arthur Ganate dans un café de la place de Clichy. En 1959, François Truffaut tourne sur la place plusieurs scènes de son film *Les Quatre cents coups*.

Philatélie à Paris

Les amateurs débutants ou chevronnés rencontrent les marchands professionnels rue Drouot, dans le 9e arrondissement, ou passage des Panoramas dans le 2e arrondissement. Le Carré Marigny est une véritable institution installée avenue Gabriel, aux Champs-Élysées, les jeudis, samedis, dimanches et jours fériés.

Vue générale de la rue des Dames

18e Arrt
RUE
DU
CHEVALIER
DE LA BARRE
1747 – 1766

Le chevalier de La Barre : Chapeau bas !

Rue du Chevalier de La Barre

Métro : Abbesses

Un jour de 1747 à Abbeville, Jean-François Lefèbvre, chevalier de La Barre, croise une procession religieuse. Il n'ôte pas son chapeau alors que c'est l'usage en signe de respect pour Dieu et pour les ministres du culte. Cette indépendance d'esprit peut sembler anodine. Mais le prix à payer par le chevalier – qui agit en toute connaissance de cause – va être très cher. D'autant qu'il est également accusé d'avoir mutilé un crucifix. Il est condamné par le tribunal d'Abbeville à avoir un poing coupé, la langue arrachée et à être brûlé vif. Le gentilhomme fait appel au parlement de Paris qui lui accorde d'être décapité avant d'être brûlé. Il a 19 ans. Voltaire réclamera en vain la révision de son procès.

Les temps changent, les idées évoluent : en l'an II de la République, la Convention réhabilite la mémoire du chevalier rebelle et donne son nom à cette rue de Paris mais également à nombre de rues et de places, dans toute la France.

Le chevalier de La Barre est devenu le symbole des victimes du despotisme et de la toute-puissance de l'Église.

Une phrase

« Je ne croyais pas qu'on pût faire mourir un gentilhomme pour si peu de chose »
Le chevalier de La Barre, au moment de son exécution.

À voir aussi

Dans le square Nadar, rue Saint-Eleuthère, la statue du chevalier inaugurée en 2001 en remplacement de la première, déboulonnée en 1941 par les autorités de Vichy.

UN LIVRE

- Max Gallo, *Que passe la justice du Roi : vie et supplice du chevalier de La Barre*, éd. Robert Laffont, 1987

Détail de la basilique du Sacré-Cœur

Un peu de dérision, que diable !

34 boulevard de Clichy

Métro : Blanche

En 1880, Maxime Lisbonne, ex-colonel de la Commune, ouvre un commerce boulevard de Clichy et le baptise : « Les frites révolutionnaires ». De l'établissement on porte des frites en ville, ou plutôt, on les « déporte » dans un petit « panier à salade » traîné par des poneys et précédé par des livreurs costumés en gendarmes portant bicorne.
Puis Lisbonne transforme son estaminet qui devient « La Taverne du bagne ». Il fait blinder sa façade en fer blanc et place deux portes cadenassées.
Les clients y découvrent des inscriptions peintes en rouge : « Entrée des condamnés » et « Sortie des libérés ». Des garde-chiourmes annoncent les clients en criant non les consommations mais les condamnations : « Duflan Anatole, 25 ans de réclusion et madame ! ».
La salle est décorée de scènes du bagne et de portraits de communards. Les serveurs portent la veste rouge et le bonnet vert des forçats. À la ceinture, en guise de porte-monnaie, ils arborent un petit boulet retenu par une chaîne.
Pour éviter resquilleurs et curieux, Maxime Lisbonne avait rendu la consommation obligatoire : le payement d'un verre donnait droit à un ticket sans lequel on ne pouvait être libéré à la sortie de l'établissement…

À voir aussi

Le Moulin Rouge, le temple du french cancan, domine la place Blanche qui doit son nom à l'ancienne barrière d'octroi élevée en 1790. Une solide réputation de débauche reste attachée au lieu « où vont luronnes et lurons, les jours de fête et les dimanches, casser ou la gigue ou l'éclanche, à gogo boire et ribotter, farauder, rire et gigoter. »
Alfred Delvaux, 1865

Un livre

• Marcel Cerf, *Le d'Artagnan de la Commune (le Colonel Maxime Lisbonne)*, Le Pavillon Éditeur, 1967

Maxime Lisbonne en 1871

18e Arrt
RUE DES SAULES

Le Lapin à Gill pour l'éternité

22 rue des Saules
Métro : Lamarck - Caulaincourt

En 1860 s'élevait, rue des Saules, une guinguette mal famée que les habitués appelaient de manière fort explicite « Le rendez-vous des voleurs ».
Pour en parfaire l'ambiance, quand un certain Salz acquit l'établissement, il fit peindre sur les murs des scènes de la vie de Lacenaire, de Papavoine ou de Troppmann. « Le rendez-vous des voleurs » devint alors « Le cabaret des assassins ».
En 1880, le caricaturiste André Gill crée pour l'estaminet une enseigne représentant un lapin qui s'échappe d'une casserole. D'où le jeu de mot, facile mais efficace, de « lapin agile ».
Le lieu devient le rendez-vous attitré de la bohème artistique. S'y retrouvent entre autres Apollinaire, Carco, Dorgelès, Léon-Paul Fargue, Picasso, Mac Orlan, Utrillo. C'est alors un certain Frédéric Gérard, figure de la vie montmartroise et ami d'Aristide Bruant, qui tient la boutique. Un soir, son fils Victor est abattu d'une balle dans la tête derrière le bar. On ignore qui lui a porté le coup fatal. Seul son fidèle chien était présent.
Quelques jours après le drame, un souteneur vient s'asseoir à une table du cabaret et le chien du défunt se met à hurler à la mort ! Le maquereau alors de s'exclamer, d'une voix qu'il voulait assurée : « Eh ! bien, Freddie ! Joue donc de la guitare ! »...

À voir aussi

La butte Montmartre qui résiste vaillamment au temps et au déferlement touristique !
« Le Lapin agile » perpétue la tradition en assurant chaque soir un spectacle consacré à la chanson française.
La fête des vendanges du Clos Montmartre, un événement parisien depuis 1934 !

UN LIVRE
- Roland Dorgelès, *Le Château des brouillards*, éd. Albin Michel,1932

Sur la butte Montmartre

Les aventures de Milo et Gorillette

15 rue Ganneron

Métro : La Fourche

La pègre parisienne des années 1930 manie le surnom avec autant de dextérité que la gâchette ! Jo les gros bras ou Julot le voûté sont peut-être des artistes dans leur spécialité mais Milo Jacquot, lui, est un dur et un vrai. Un « caïd légendaire » pour Auguste Le Breton, la grande plume des malfrats.
Alors quand un soir de septembre 1936, le demi-sel Gorillette le descend au bout du comptoir de l'Olympic, rue Ganneron, l'émotion est grande. S'agit-il d'un de ces règlements de comptes si banals dans le milieu ? L'affaire est bien plus grave : c'est une question d'honneur. Dans un accès de mauvaise humeur inexpliqué, Milo a giflé Gorillette. Personne ne sait si la mort de Milo fut vengée...

À voir aussi

Au cimetière de Montmartre, entrée 20 avenue Rachel, reposent de très nombreuses personnalités. Parmi elles, le physicien Ampère, les cinéastes Henri-Georges Clouzot, Claude Autant-Lara et François Truffaut, les musiciens Hector Berlioz et Jacques Offenbach, les acteurs Louis Jouvet et Jean-Claude Brialy, le peintre Edgar Degas, les écrivains Alfred de Vigny, Alexandre Dumas fils, Eugène Labiche, Théophile Gautier, les frères Goncourt, Émile Zola, Lucien et Sacha Guitry.

Du caïd au demi-sel

L'argot des malfaiteurs s'est nourri, depuis le Moyen Âge, à plusieurs sources : le romani, la langue des gitans, le yiddish, l'ancien français, par exemple. Il s'agissait de communiquer dans un code incompréhensible en dehors du « milieu » en détournant le sens premier ou en utilisant des images. Le caïd est ainsi devenu un chef de bande et le demi-sel, un proxénète occasionnel dont les vrais durs se méfient...

UN LIVRE

- Auguste Le Breton, *Ils ont dansé le rififi*, éd. du Rocher, 1991

Sépulture d'Emile Zola au cimetière Montmartre

Jules Bonnot, l'homme de la bande

146 rue Ordener

Métro : Jules - Joffrin

Le 21 décembre 1911, le garçon de recettes Caby, revêtu de son uniforme bleu à boutons de cuivre et coiffé de son bicorne, descend du tramway, rue Ordener. Il se dirige vers la succursale de la Société Générale. Caby est pratiquement arrivé à destination quand il reçoit une balle en pleine poitrine. Il tombe sans pour autant lâcher sa sacoche qui contient 20 000 francs de titres. Le tireur récidive : Caby reçoit une seconde balle dans le dos. Le malfrat s'empare de la sacoche et court vers la voiture – une Delaunay-Belleville – qui l'attendait et démarre aussitôt en trombe tandis que ses passagers tirent des coups de feu pour protéger leur fuite. C'est le début des exactions de la bande à Bonnot. Le 10 janvier 1912, Bonnot et ses hommes dévaliseront une armurerie boulevard Hausmann, engrangeant des munitions pour leurs actions futures.
Au terme d'une traque historique menée par les célèbres brigades du Tigre (créées par Clemenceau que l'on surnommait le Tigre), Jules Bonnot est tué à Choisy-le-Roi, le 28 avril 1912, au terme d'un siège épique.

Une phrase

« L'enfumer dans sa tanière comme une bête immonde, soit, le faire sauter, lui et sa masure, soit encore ; mais le canon, non ! »
Lieutenant Fontan de la Garde républicaine, lors du siège de Choisy-le-Roi, devant le garage dans lequel Bonnot était retranché.

À voir aussi

Au 187 de la rue Ordener, « Montmartre aux artistes », la plus grande cité d'artistes d'Europe a ouvert en 1933. Ses 180 ateliers accueillent peintres, sculpteurs, plasticiens, musiciens, cinéastes et photographes du monde entier.

Au cœur de la cité « Montmartre aux artistes »

Chocolat 100 % amer

127 rue de Crimée

Métro : Ourcq

Dans l'odeur suave de son atelier, Marie-Louise Servoise s'affaire. Les fêtes de fin d'année sont passées mais la chocolaterie de la rue de Crimée tourne bien toute l'année. Raymond Decrucq, l'ouvrier de la maison, fait merveille. Mais il a de l'ambition et sa patronne s'est lassée depuis longtemps de son ami Léon. Mais comment s'en débarrasser ? Une simple rupture ne semble pas avoir été envisagée. C'est à un assassinat en règle que se livrent Marie-Louise et Raymond le 6 février 1950. Lui assomme Léon puis le découpe en petits morceaux. Elle a fourni la scie. Ils cachent ensemble la tête dans un débarras de l'atelier et le tronc dans un placard puis jettent le reste du cadavre dans le bassin de la Villette.

Les deux enfants de Léon et Marie-Louise ont beaucoup de choses à raconter le lendemain dans la cour de récréation. Et leur récit intéressera aussi beaucoup la police...

À voir aussi

Les amateurs de bicyclette apprécient la piste aménagée le long du canal de l'Ourcq, entre le bassin de la Villette et la commune de Claye-Souilly.

À proximité, le site culturel qui rassemble la Cité de la Musique, la Cité des Sciences et de l'Industrie et la Grande Halle.

Le parc des Buttes-Chaumont pour son lac et l'île du Belvédère couronnée par un kiosque – le temple de la Sybille – dû à l'architecte Gabriel Davioud. Quatre ponts, dont un construit par Gustave Eiffel, relie l'île à la rive. Une variété d'arbres exceptionnelle, des oiseaux innombrables, la grotte décorée de stalactites et les théâtres de marionnettes font du lieu un havre naturel précieux.

Passage de la Petite Ceinture sur le canal de l'Ourcq

Comment le comptable s'est-il fait la malle ?

Place Émile-Landrin
Métro : Gambetta

Le 24 avril 1929, la veuve Blanc est retrouvée assassinée à son domicile de la place Émile-Landrin où elle vivait avec son fils. Soupçonné dans un premier temps, le jeune homme est relâché faute de mobiles et de preuves. L'affaire est classée. Le 14 septembre, en gare de Lille, une malle enregistrée à Paris quelques jours plus tôt dégage une odeur si nauséabonde que les employés finissent par l'ouvrir : ils y découvrent un cadavre enveloppé dans une toile cirée. Ils l'identifient facilement grâce à ses papiers d'identité : il s'agit de Frédéric Rigaudin, fils de la défunte veuve Blanc.
L'enquête est relancée et les policiers s'aperçoivent qu'en dépit d'un physique fort peu avantageux, le comptable, qui savait maquiller à son profit les comptes de certains commerçants étrangers, savait aussi séduire leur épouse. Ils remontent ainsi à sa dernière liaison en date : l'épouse du tailleur Almazian, demeurant 13 rue Saint-Gilles et d'un naturel fort jaloux. Interrogé par les policiers avec une certaine fermeté, Almazian n'avouera jamais le meurtre de Rigaudin qui reste un mystère, tout comme celui de sa mère, la veuve Blanc. Sa mère qui avait été pendant des années la confidente de l'anarchiste Miguel Almereyda, directeur du Bonnet Rouge, arrêté en 1917, et lui aussi mystérieusement assassiné à la prison de Fresnes.

À voir aussi

On vient du monde entier visiter le cimetière du Père-Lachaise qui doit son nom au jésuite confesseur de Louis XIV. La liste des personnalités qui y reposent est impressionnante, celle des tombes monumentales l'est tout autant.
Chaque année, le souvenir de la Commune de Paris est commémoré devant le Mur des Fédérés, le 1er mai.

Allée pavée du cimetière du Père-Lachaise

Le Petit Journal

Le Petit Journal

5 Centimes SUPPLÉMENT ILLUSTRÉ 5 Centimes

ABONNEMENTS

Le Petit Journal Militaire, Maritime, Colonial.... 10 cent.

Le Petit Journal agricole, 5 cent.

Le Petit Journal illustré de La Jeunesse.... 10 cent.

Le Supplément illustré

DIMANCHE 1er AVRIL 1906

DANS LA GRANDE SALLE DES FÊTES DU « PETIT JOURNAL »

Le groupe des Reines de la Mi-Carême

Bagarre de chiffonniers

Rue des Amandiers

Métro : Père - Lachaise

La zone des anciennes fortifications militaires de Paris — « la zone » ou « les fortifs » – est, au début du XXe siècle, à la fois un lieu de promenade et le refuge des plus pauvres, essentiellement des chiffonniers, appelés aussi biffins. Ils sont 20 000 à explorer les tas d'immondices pour revendre vieux papiers, ficelles, bouchons, métaux, chiffons destinés à la papeterie et toutes sortes d'objets.

Les « coureurs » qui circulent munis d'un crochet ou d'un sac représentent la couche inférieure du métier ; les « placiers » possèdent une carriole attelée à un âne ou à un cheval et un territoire délimité pour lequel ils s'acquittent d'une sorte de loyer. Malheur à celui qui enfreint les règles !

Le 30 mars 1905, Célestin-Pierre Jacob, dit « Nonœil », 24 ans, éventre d'un coup de couteau un concurrent, Dany « Trois-Pattes » qui lui disputait son emplacement sur la rue des Amandiers. Il est condamné à mort le 4 juillet puis gracié deux mois plus tard.

À voir aussi

Desservi par les stations de métro Couronnes et Belleville, le Parc de Belleville occupe l'ancien domaine royal mérovingien où l'on cultivait la vigne pour produire un vin léger et pétillant, la piquette. Jusqu'en 1838, le Mardi-Gras y était célébré par des défilés costumés et par d'abondantes libations.

Jour de fête

Les chiffonniers participaient au Carnaval de Paris : « Si le soleil printanier veut bien plafonner d'azur notre vieux Paris jeudi, pendant que les grandes reines seront acclamées sur les boulevards, la petite reine des chiffonniers, montée sur un ânon paré et travesti, sera sacrée reine de la Mi-Carême dans la colonie biffine ».

La Presse, article *La Reine des biffins*, 28 mars 1905.

Couverture du Petit Journal, 1er avril 1906

Un si violent jeune homme

59 rue des Partants

Métro : Gambetta

Le 15 mars 1889, Georges Kaps, un jeune homme de 18 ans, issu d'une honnête famille alsacienne, avoue au commissaire de police de son quartier qu'il a abattu d'une balle de revolver sa maîtresse Léontine Drieux, âgée de 20 ans, dans leur chambre. Voleur depuis l'enfance, violent, Kaps déclare l'avoir supprimée parce qu'elle ne lui rapportait pas assez d'argent avec son commerce de péripatéticienne. Mais l'enquête va révéler que c'est surtout parce que, lasse d'être frappée, la jeune femme menaçait de dénoncer son compagnon pour le rôle équivoque qu'il a tenu dans une sombre histoire. Le 1er décembre 1884, au 5 de la rue Gasnier – Guy, le père Vinçard, un septuagénaire a trouvé la mort. Kaps a toujours prétendu s'être contenté d'avoir volé le vieillard, après qu'un complice – qu'il ne veut pas dénoncer – avait étranglé le père Vinçard. Mais on ne retrouvera jamais cet assassin présumé. Lors de l'instruction, Kaps tentera de tuer une amie de Léontine et d'assommer un planton pour prendre la fuite. Deux actes qui jouent en sa défaveur. Condamné à la peine de mort le 29 octobre 1889, il est exécuté le 19 décembre. Le corps de ce meurtrier particulièrement cynique et organisé, insolent, vénal et manipulateur, n'est pas réclamé par la famille. Il servira pour les leçons d'anatomie aux élèves de l'école de médecine.

Une phrase

« Je préfère vivre de la prostitution d'une femme plutôt que de vols. »
Aveu sans fard de Georges Kaps au commissaire de police M. de Chauvigny.

À voir aussi

Entre l'avenue Gambetta et le cimetière du Père-Lachaise, un joli square porte le nom de Samuel de Champlain, qui fonda la ville de Québec en 1608. Sur le Monument aux victimes de toutes les révolutions est gravé ce vœu de Victor Hugo : « Ce que nous demandons à l'avenir, ce que nous voulons de lui, c'est la justice, pas la vengeance ! ».

Sur les hauteurs du square Samuel Champlain

L'égérie des apaches de Paris

Rue des Haies
Métro : Buzenval

Amélie Hélie, dite Casque d'or à cause de sa blonde chevelure, de sa tignasse flamboyante prétendent ses détracteurs, arpente au long de sa précoce adolescence et de sa tumultueuse jeunesse les trottoirs du 20e arrondissement. Elle y exerce le plus vieux métier du monde. C'est dans un bal-musette où elle est guincheuse qu'elle rencontre Marius Pleigneur. Par amour, il abandonne sa carrière de polisseur, se fait appeler Manda et devient un apache redouté, le chef de la bande des Orteaux.

Quatre ans plus tard, tout va à vau-l'eau. Casque d'or est tombée amoureuse de Dominique Leca, dit le Corse, rencontré boulevard Voltaire et chef d'une bande rivale, celle de Popincourt. Affaire d'honneur : le 9 janvier 1902, rue des Haies, Leca est touché de deux balles de revolver. Les médecins le sauvent de justesse mais, alors qu'il quitte l'hôpital Thonon, Manda le transperce de deux coups de couteau qui le renvoient illico dans le lit qu'il venait de quitter. Délirant, Leca craqua et balança Manda.

Le 31 mai 1902, Manda est condamné aux Travaux Forcés à perpétuité ; le 21, Leca qui avait organisé des représailles sanglantes, est condamné, lui, à huit ans. Les deux amants de Casque d'or se retrouvent à Cayenne d'où ils ne reviendront ni l'un ni l'autre. Casque d'or meurt à Bagnolet en 1933 ; elle avait épousé un ouvrier du nom de Nardin, eu quatre enfants et coulé seize ans de félicité conjugale en vivant de son activité de bonneterie.

À voir aussi

Le panneau commémoratif au jardin Casque d'or, 14 rue Michel de Bourges.

UN FILM

• *Casque d'or*, de Jacques Becker, 1952, avec Simone Signoret.

Amélie Hélie, coll. particulière.

Index alphabétique des personnes citées

Index alphabétique des lieux cités

Crédits photographiques

Béatrice Mandopoulos : 8, 10, 12, 16, 26, 32, 34, 36, 38, 40, 46, 50, 52, 54, 56, 58, 60-61, 62, 64, 66, 68, 72, 74, 82, 88, 89, 90, 102, 104, 108, 109, 122, 126, 127, 132, 136, 138, 144, 152, 156-157, 174, 176, 184, 4e de couverture
Christian Jauriberry : 110, 168, 172, 178, 180
p. 164 : Station de métro porte Dauphine, Remi Jouan , http://commons.wikimedia.org/wiki/File:Metro_porte_Dauphine_(2).jpg
p. 166 : Rue des Dames, Mbzt, http://commons.wikimedia.org/wiki/File:P1170001_Paris_XVII_rue_des_Dames_rwk.jpg
1e de couverture : Atroce vengeance d'un rôdeur, Pmx, http://commons.wikimedia.org/wiki/File:Atrocevengence.jpg

Avec l'aimable participation de Jean-Pascal Labbé et de Pierre Pothier

Achevé d'imprimer par Volum Éditions
Imprimé en U.E - juin 2013
Dépôt légal : juin 2013